NEUE TOP 100 HÄUSER

Thomas Drexel

NEUE TOP 100 HÄUSER

ZEITLOS – INDIVIDUELL – PREISWERT

Deutsche Verlags-Anstalt

INHALTSVERZEICHNIS

VORWORT

Nach dem Vorbild des sehr erfolgreichen Bands *TOP 100 Häuser* zeigt dieses Buch 100 neue Einfamilienhäuser mit hohem architektonischem Anspruch für alle Bedürfnisse und jeden Geschmack. Gemeinsames Kennzeichen ist das architektonische Niveau, ansonsten sind die Gebäude ganz unterschiedlich.
Sie zeigen einen vielschichtigen Querschnitt der aktuellen Wohnarchitektur. Vorgestellt werden überwiegend neu errichtete sowie auch einige umgestaltete Einfamilienhäuser, die durch ihre Qualität Maßstäbe setzen und dennoch für den durchschnittlichen Bauherrn finanzierbar sind. Daneben erfüllen mehrere außergewöhnliche Villen und Low-Budget-Häuser aber auch die Ansprüche derjenigen, die besonders ambitioniert beziehungsweise besonders günstig bauen möchten. Preiswert sind alle Häuser in dem Sinne, dass sie »ihren Preis wert« sind, also ein optimales Kosten-Nutzen-Verhältnis aufweisen. Ehrliche Planungsleistung und Handwerksarbeit für gutes Geld – je nach individuellen Möglichkeiten und Ansprüchen.

100 GUTE BEISPIELE – FÜR BAUHERREN UND ARCHITEKTEN

Neue TOP 100 Häuser richtet sich an alle Bauherren, die individuell wohnen möchten – in ihrem ganz persönlichen Traumhaus. Und natürlich auch an Architekten, die sich neue Inspiration für die eigene Arbeit holen können. Wie die Erfahrung mit dem ersten Band zeigt, dient das Buch Bauherren als Entscheidungshilfe und Vorlage, um dem Architekten genauere Hinweise zu den persönlichen Vorlieben an die Hand zu geben. Andererseits nutzen es Architekten als Beispielband für Bauherren.
Die 100 Projekte werden umfassend dargestellt – anhand von eindrucksvollen Innen- und Außenaufnahmen, informativen, allgemein verständlichen Texten und übersichtlichen, beschrifteten Plänen sowie ausführlichen Baudaten mit Kostenangaben. Alle Architekten und Planer werden genannt, die Kontaktadressen finden sich im Anhang.

GRÖSSTMÖGLICHE VIELFALT AUF HOHEM NIVEAU

Eine große Bandbreite unterschiedlichster Situationen, Grundrisskonzepte, Haustypen, Dachformen, Bauweisen und Stile bietet jedem Leser das für ihn passende Vorbild zur Konkretisierung seiner Wünsche. Für ebene Bauplätze finden sich genauso Beispiele wie für solche auf flach geneigtem oder auf steil abfallendem Terrain. Neben offenen Grundrissen mit ineinander übergehenden Wohnbereichen bis hin zum Einraumwohnen gibt es auch solche mit eher traditioneller Aufteilung. Der überwiegende Teil der präsentierten Bauten wird von Familien bewohnt, aber auch Wohnkonzepte für Paare und Singles sind darunter. Atriumhäuser mit Bungalow-Charakter stehen neben kompakten mehrgeschossigen Gebäuden, langgestreckte Häuser neben kubischen Bauten, Gebäude mit Spitzdach neben solchen mit gewalmtem Dach, Pultdach oder Flachdach. Die Erschließung erfolgt teils ebenerdig, teils über Treppen oder auch über Stege. Ebenso vielfältig stellen sich Materialien und Bauweisen dar – von Holz über Mauerwerk und Stahl bis Beton, in reiner Ausführung oder Mischkonstruktion. Es finden sich viele Niedrigenergie- und Passivhäuser, die Maßstäbe hinsichtlich Energieverbrauch und Zukunftsfähigkeit setzen – bis hin zur Verwendung ökologischer Baustoffe.

DEUTSCHLAND, SCHWEIZ, ÖSTERREICH …
UND EIN BLICK IN DIE WELT

Vorgestellt werden überwiegend Einfamilienhäuser aus Deutschland, der Schweiz und Österreich, die einen regionalen Querschnitt durch das jeweilige Architekturschaffen zeigen. Abgerundet wird das Bild durch einige Beispiele aus Frankreich, Belgien, Großbritannien, Spanien, den USA, Brasilien, Mexiko, Australien und Japan, die neue, individuelle Perspektiven aufweisen. So ist Frankreich unter anderem mit dem ersten Einfamilienhaus in Passivbauweise der Region Île-de-France vertreten (S. 82). Im Fall der USA reicht die Bandbreite von der Villa aus Glas und Stein, für die die Akropolis Pate stand (S. 72), über das nachhaltige Solarhaus (S. 102) bis zum minimalistischen Low-Budget-Projekt (S. 34). In Australien zeigen ein komplexes Atriumwohnhaus in der Innenstadt (S. 176) und ein Traumhaus an der Küste (S. 38) die Vielfalt der Architektur in Down Under. Und nicht zuletzt führt ein spanisches Büro vor, wie Architektur mit hoher Wohnlichkeit und innovativer Formgebung aussehen kann (S. 198–203).

1

2

3

HANGSKULPTUR

Gute Architektur weckt manches Mal völlig unterschiedliche, neue Assoziationen. So erinnert das von am-architektur entworfene Wohnhaus am Hang durch sein lehmfarbenes Äußeres, seine kubisch ineinander verschränkten Flachdach-Baukörper und die Terrassen an die Architektur auf Mittelmeer-Inseln oder auch an die Gebäude der Pueblo-Indianer (4). Jedoch befindet sich der Schauplatz mitten in der Schweiz, im Kanton Aargau. Die erdige Farbe der Gebäudehülle harmoniert und kontrastiert zugleich mit den dunkelbraunen Fensterrahmen. Jede der drei Ebenen gewinnt durch eine versetzte Anordnung, die unterschiedliche Ausrichtung der Räume und die entsprechend variierende innere Erschließung einen eigenen Charakter, sodass insgesamt eine richtiggehende Architekturskulptur entsteht (4).

Von der Straße aus, wo sich das Sockelgeschoss bis auf den Eingang selbst völlig geschlossen gibt, gelangt man über eine Treppe in die lichtdurchflutete Wohn-, Ess- und Kochebene (2) mit der unmittelbar damit verbundenen Terrasse. Darüber thront das deutlich auskragende Schlafgeschoss. Der äußeren Klarheit der geschichteten Flachdachkuben entspricht das Innere: Den bewusst neutralen und rauen Rahmen bilden hier Sichtbetonwände und -decken, gestrichene Holzwerkstoff-Oberflächen sowie geschliffene Estrichböden; edle Einbauten aus Nussbaumholz setzen bei der Kochinsel und beim Esstisch sowie im Bad Akzente (1/2). Die raue Kaminwand aus Sichtbeton haben die Bauherren selbst nach Art eines Reliefs verschalt (3).

WICHTIGE BAUDATEN

Bauaufgabe: Neubau für eine Familie mit drei Kindern
Standort: bei Aarau, Kanton Aargau/Schweiz
Bauzeitraum: 2004–2005 (9 Monate)
Grundstücksgröße: 1.149 m²
Wohnfläche: 131 m² zuzüglich 86 m² Nutzfläche und 90 m² Terrassen
Bruttorauminhalt (BRI): 971 m³
Bauweise: massiv (Stahlbeton, gedämmt)
Energiekonzept: Luft-Wasser-Wärmepumpe als Zentralheizung
Heizenergiebedarf/Jahr: ca. 32 kWh/m²
Gesamtkosten: keine Angaben

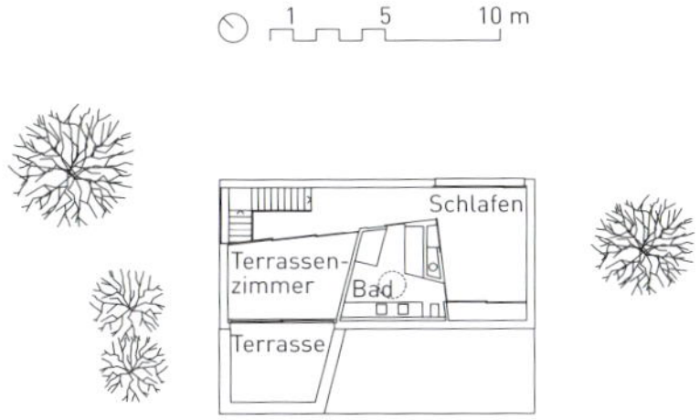

Obergeschoss

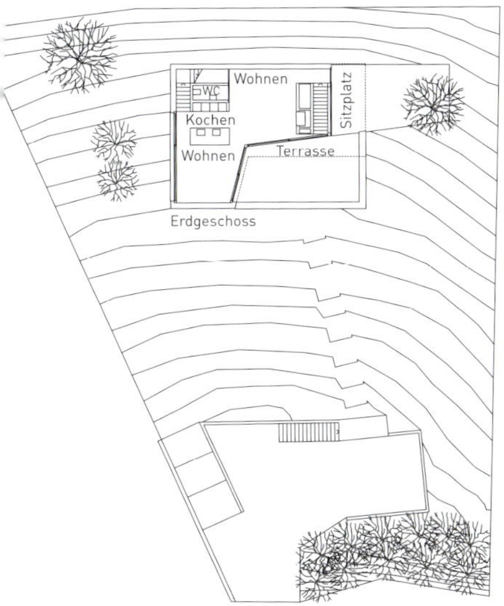

Erdgeschoss

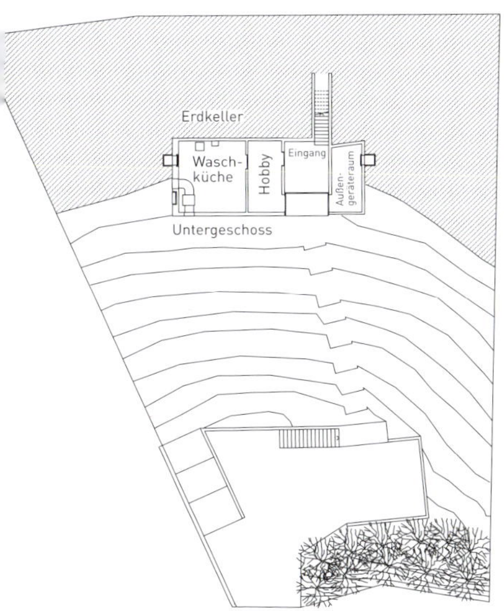

Untergeschoss

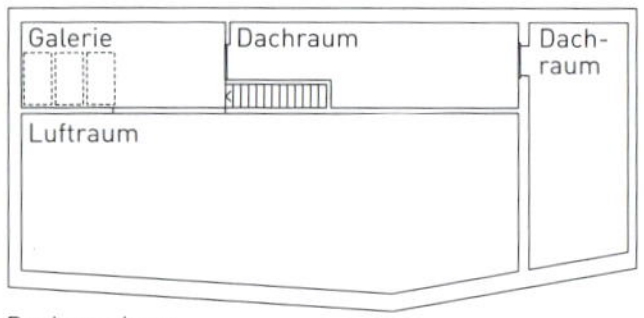

Dachgeschoss

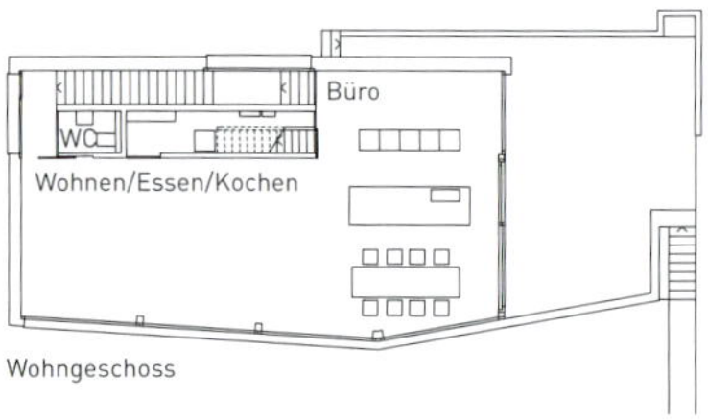

Wohngeschoss

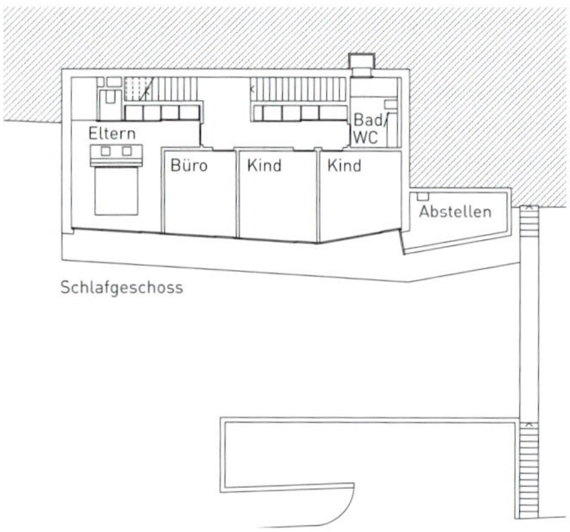

Schlafgeschoss

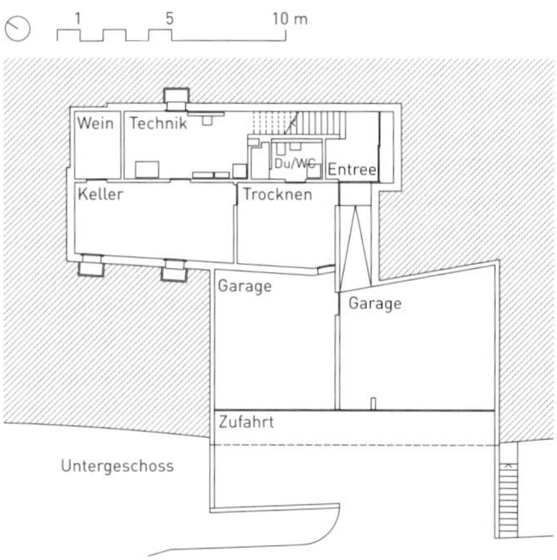

Untergeschoss

BAUVORSCHRIFTEN KREATIV UMGESETZT

Bebauungsvorschriften machen das Planen oft ein gutes Stück anspruchsvoller. Bei diesem von am-architektur entworfenen Einfamilienhaus in der Schweiz kam zu den engen Vorgaben der Bauordnung hinsichtlich Ausrichtung, Dachform und Gebäudehöhe noch die Schwierigkeit eines sehr steil geneigten Hanggrundstücks hinzu. Da die Parzelle nur von unten erschlossen werden konnte, entschied man sich, das Haus im Bereich des Unter- und teils auch des Schlafgeschosses in das Erdreich einzugraben – ein Kunstgriff, mit dem sich auch die Eingriffe in die Geländegestalt auf ein Minimum beschränken ließen (1). Man steigt bei diesem Haus sozusagen vom Dunkeln zum Licht, sprich vom Eingang und der Garage über eine himmelsleiterartige Stahlbetontreppe (3) zwischen Sichtbetonscheiben hinauf zur Wohn-, Ess- und Kochebene. Diese wird hangseits und ums Eck von einem Glasband gefasst und erhellt, innen schaffen Wanddurchbrüche zu den angrenzenden Räumen und hohe Decken zusammen mit dem weißen Anstrich eine ungemein großzügige Atmosphäre (2). Da die Wohnebene über den Schlafbereich auskragt, erhält jedes Zimmer einen gedeckten Sitzplatz. Die ungleichseitige, übereck abknickende Dachform interpretiert die Vorgaben kreativ und schafft einen äußerst spannenden Baukörper. Mit anthrazitfarbenen Faserzementplatten verschalt, steht das Haus trotz seiner außergewöhnlichen Architektur sehr ruhig und geschlossen inmitten der umgebenden Wiesenflächen (1).

WICHTIGE BAUDATEN

Bauaufgabe: Neubau für eine Familie mit zwei Kindern
Standort: bei Lenzburg, Kanton Aargau/Schweiz
Bauzeitraum: 2007–2008 (7 Monate)
Grundstücksgröße: ca. 1.200 m²
Wohnfläche: 173 m² zuzüglich 156 m² Nutzfläche und 45 m² Terrassen/Balkone
Bruttorauminhalt (BRI): 1.700 m³
Bauweise: massiv (Stahlbeton, gedämmt)
Energiekonzept: Erdsonden-Wärmepumpe als Zentralheizung
Heizenergiebedarf/Jahr: 34 kWh/m²
Gesamtkosten: keine Angaben

1

2

3

DER GEIST DES ORTES: SILBERNE SEEVILLA IN BERLIN

Architektur ist mehr als Bauen. In gewissem Sinne ist sie der Versuch, die wahrgenommene Aura, den Genius Loci, einzufangen und in ihrer eigenen Sprache bestmöglich auszudrücken. Regine Leibinger und Frank Barkow glückt dies bei ihren Großprojekten immer wieder, aber auch die Villa am Obersee in Berlin hat den Geist des Ortes bestens verinnerlicht.

Die sehr unterschiedlichen Gegebenheiten auf den verschiedenen Seiten des Grundstücks führten zur Entwicklung eines entsprechenden Fassaden- und Materialkonzepts. Während zur Straße und zum eher heterogenen Siedlungsumfeld hin kleinere, bandartige beziehungsweise quadratische Öffnungen in höchst planvoller Ordnung dominieren (2), öffnet sich das Haus zum Wasser hin vollständig (1/4). Ergänzt wird diese gläserne Transparenz durch eine außergewöhnliche, metallisch glänzende Haut aus versilberten Mosaikfliesen auf den anderen Hausseiten, in der sich die Natur spiegelt und deren Charakter sich je nach Jahreszeit, Sonnenstand und Witterung verändert (2). Beim Bau erhaltener Grünbestand säumt den Uferbereich und lässt doch den Blick aufs Wasser frei (1). Raumhohe Verglasungen und schwellenlose Übergänge fügen Innen und Außen zusammen (3/4). Viel Luftraum, spannend gesetzte Durchblicke zwischen den Niveaus, das teils galerieartig ausgeprägte Obergeschoss sowie weite Blickachsen im Erdgeschoss, das im Grunde nur durch den Kaminmonolithen strukturiert wird, lassen den Eindruck eines überwältigenden Raumkontinuums entstehen (3).

1

2

3

WICHTIGE BAUDATEN

Bauaufgabe: Neubau mit Einliegerwohnung
Standort: Berlin
Bauzeitraum: 2007 (10 Monate)
Grundstücksgröße: 1.157 m²
Wohnfläche: 264 m² zuzüglich 49 m² Nutzfläche und 10 m² Balkon
Bruttorauminhalt (BRI): 2.037 m³
Bauweise: massiv (Ziegelmauerwerk und Stahlbeton, gedämmt)
Energiekonzept: Erdwärmepumpe, Photovoltaik vorbereitet
Heizenergiebedarf/Jahr (nach EnEV): 42 kWh/m²
Gesamtkosten: 524.000 Euro

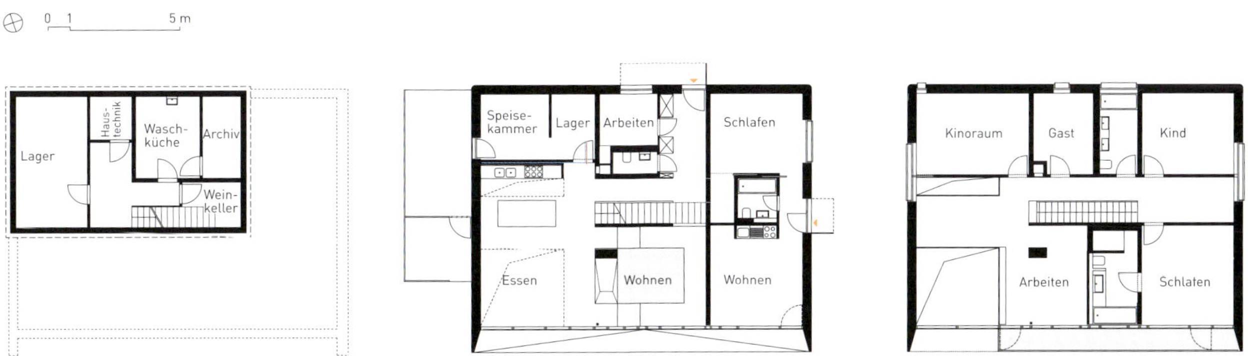

Untergeschoss

Erdgeschoss

Obergeschoss

BARKOW LEIBINGER ARCHITEKTEN, Berlin
Mitarbeiter/Projektleitung: Phillip Raum, Philipp Welter

DIE KUNST DER GEOMETRIE

Der Gang des Gewohnten führt meist zu Langeweile und Uniformität. Wie ein neues, ungewöhnlich inszeniertes Wohnhaus ein historisches Siedlungsareal des 19. und frühen 20. Jahrhunderts beleben kann, ohne als aufgepfropfter Fremdkörper zu wirken, zeigen Barkow Leibinger Architekten bei ihrem Projekt im Südosten von Berlin. Hier wird das »normale Rezept« – annähernd quadratischer Grundriss, geneigtes Dach – auf kreative Weise variiert. Die stahlgedeckten Dachflächen sind asymmetrisch ausgebildet und lassen so eine unregelmäßige Kubatur entstehen (3). In Lärchenholz gelaibte, unterschiedlich dimensionierte Fenster fungieren als »Sichtschleusen« zwischen Innen und Außen, der längs gekämmte weiße Rillenputz zitiert das Erscheinungsbild eines Bergkristalls (2/3).
Aufgrund der Dach- und Fassadengestalt verändert sich die Wahrnehmung der Architektur mit jedem Schritt auf überraschende Weise. Die Charakteristika von Dach und Fassade haben sich dergestalt ins Innere gestülpt, dass hier ganz besondere Raumwahrnehmungen und Lichtreflexe entstehen. Erd- und Obergeschoss als Mittelpunkt des Wohnbereichs stellen sich dabei als hallenartiger Raum dar, der die Lineaturen und Wandausschnitte als Teil des Wohnkonzepts auf einen Blick erfahrbar macht (1). Im Dachgeschoss vermittelt eine eingeschnittene Loggia zwischen Haus und Himmel (2). Die auch nach dem Wunsch der Bauherren einfachen und klaren Materialien – Massivholz, Ziegel, Mineralputz, Stahl – unterstreichen die Qualitäten der Architektur.

WICHTIGE BAUDATEN

Bauaufgabe: Neubau eines Einfamilienhauses
Standort: Berlin
Bauzeitraum: 2006–2007 (11 Monate)
Grundstücksgröße: 600 m²
Wohnfläche: 252 m² zuzüglich 25 m² Nutzfläche, 8 m² Loggia und 15 m² Terrassen
Bruttorauminhalt (BRI): 1.200 m³
Bauweise: massiv (Porenbeton und Stahlbeton, gedämmt)
Energiekonzept: Gas-Brennwerttherme, solare Wärmegewinnung auf der Südseite
Heizenergiebedarf/Jahr (nach EnEV): < 60 kWh/m²
Gesamtkosten: 457.000 Euro

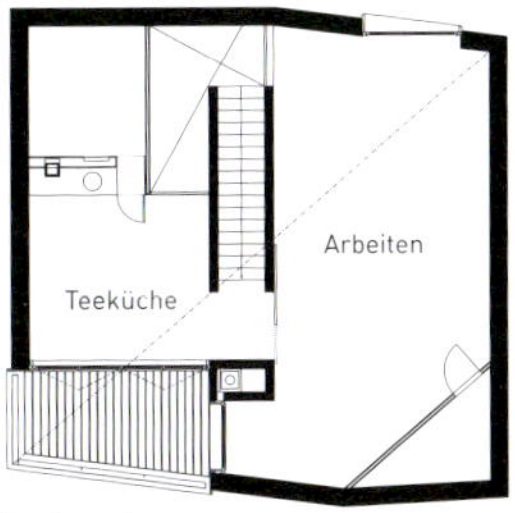

Dachgeschoss

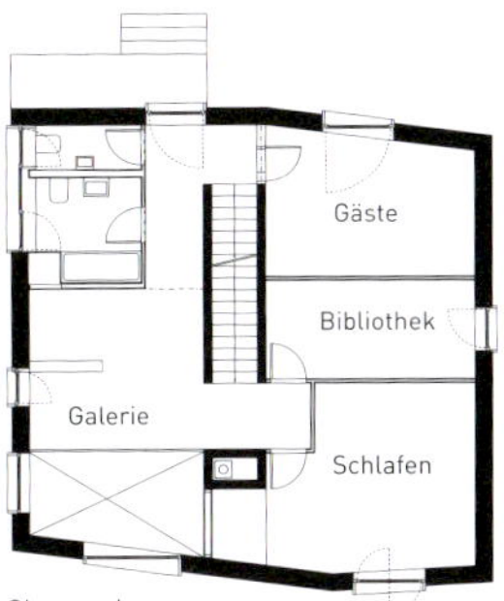

Obergeschoss

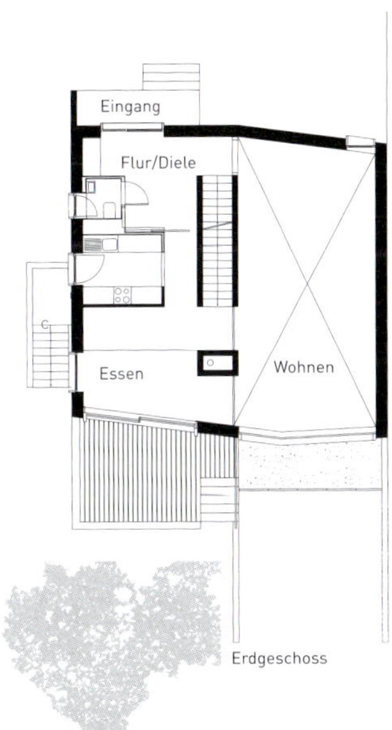

Erdgeschoss

3

WEISSES WOHNKUNSTWERK ÜBER DEM WASSER

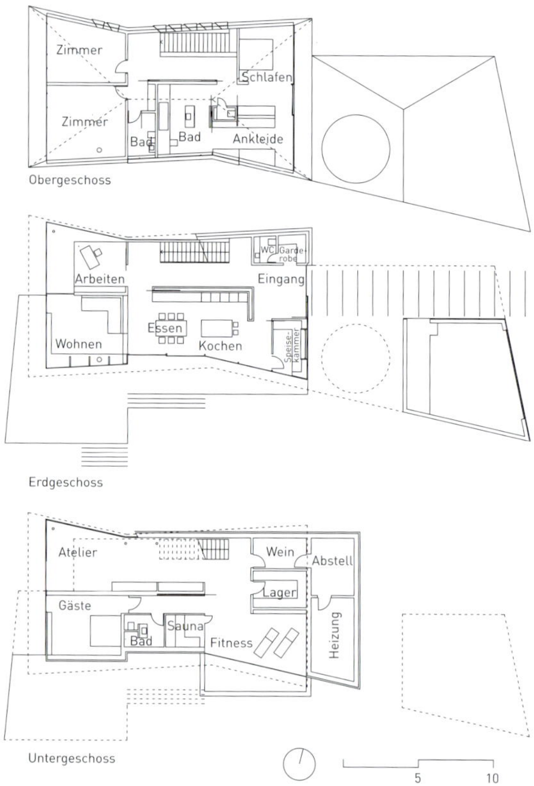

1

Nähert sich der Besucher von der Hügelkuppe aus, erhebt sich das lang gegen den See hin ausgestreckte weiße Haus allmählich aus dem Grün der umgebenden Wiesen. Gesäumt von altem Baumbestand und bedeckt von einem Gründach, fügt sich die Architektur ungeachtet ihres modernen Äußeren harmonisch in die Ammersee-Landschaft ein (2).
Den Besucher empfängt ein Raumkontinuum, das mit der Garage sowie einem den Zugang und das Haus verbindenden Dach mit rundem Lichtauge beginnt (1), sich in den hellen Eingangsbereich und den Flur beziehungsweise den Koch- und Essbereich hinein fortsetzt und schließlich in den Wohn- und Arbeitsräumen mit Seeblick endet (3). Während sich das Elternschlafzimmer sinnvollerweise mit der Ostseite begnügt, sind die intensiv genutzten Räume nach Westen, zum Wasser hin orientiert. Auf beiden Ebenen entstehen durch das Abknicken des Baukörpers und das leicht verzogene Walmdach spannungsvolle Raumsituationen. Inmitten weißer Decken und Wände sowie des mit Weißpigment geölten Bodens setzt eine Natursteinwand belebend organische Akzente (3). Im Bad des Obergeschosses trennt eine grasgrüne Glaswand Duschbereich und Waschtisch (4), das symmetrisch ruhig gegliederte Fensterband öffnet dabei den Blick auf die Bäume. Vom Erdgeschoss besteht eine direkte Verbindung zur Terrasse, die am Südwesteck einen optimal belichteten Aussichtsplatz einnimmt (2). Vom See her gesehen, streckt sich das Haus als weiß gerahmter Glaskörper über drei Geschosse hoch, ganz oben krönt eine auskragende Balkonloggia das Wohnkunstwerk (2).

WICHTIGE BAUDATEN

Bauaufgabe: Neubau für drei Personen
Standort: am Ammersee, Oberbayern
Bauzeitraum: 2009 (12 Monate)
Grundstücksgröße: ca. 1.600 m²
Wohnfläche: 235 m² zuzüglich 144 m² Nutzfläche, 50 m² Terrasse und 11 m² Balkon
Bruttorauminhalt (BRI): 1.934 m³
Bauweise: massiv (Ziegelmauerwerk und Beton, gedämmt, grober Mineralputz)
Energiekonzept: Wärmepumpe mit Erdsonden
Heizenergiebedarf/Jahr (nach PHHP/EnEV): 62 kWh/m²
Gesamtkosten: keine Angaben

2

3

4

BEMBÉ DELLINGER ARCHITEKTEN,
Greifenberg
Ausführungsplanung, Innenarchitektur und
Ausführung: Fa. Karl Dreer/Klöpfer Surfaces

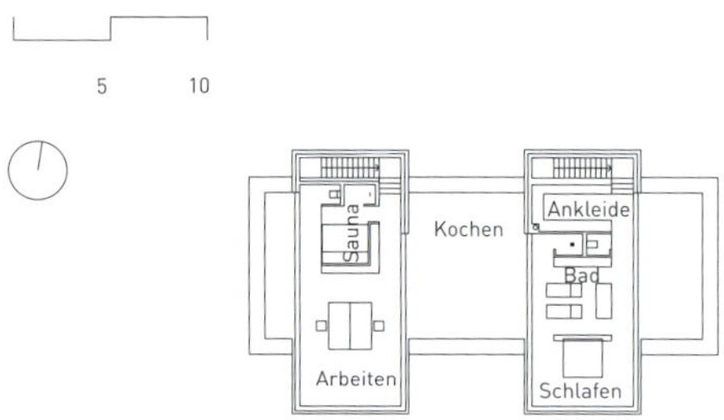

Obergeschoss

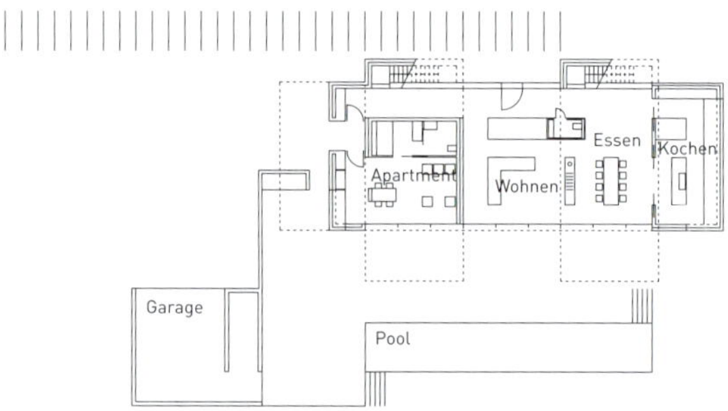

Erdgeschoss

1

INNOVATIV IN GESTALT UND MATERIAL

Die Bauaufgabe »weiße Villa mit Pool« in zeitgemäßer Vollendung: Das atriumartige Wohnhaus, geplant von den Architekten Bembé Dellinger und realisiert von der Firma Karl Dreer/Klöpfer Surfaces, öffnet sich vollständig zum Garten (1/2). Die optische Leichtigkeit der rhythmisierten gläsernen und geschlossenen Flächen paart sich mit einem innovativen Material (HI-MACS ®), das hier für die Fassaden- wie für die Innenraumgestaltung eingesetzt wurde. Unter anderem kommt der aus mineralischen Bestandteilen, Pigmenten und Acrylaten bestehende Werkstoff bei Attiken, Brüstungs- und Balkonverkleidungen, Eingangspodest, Terrassen- und Poolbelag zum Einsatz. Auch die Gestaltung von Ausstattungselementen, beispielsweise die Kaminblock-Verkleidung, der Küchenkorpus, Spül- beziehungsweise Waschtische und der exklusive Esstisch, wurde mit dem Mineralwerkstoff realisiert. Die 3,85 Meter lange Tafel wird durch ihre organische Form und die besonderen Materialeigenschaften eins mit der fließend gestalteten Wohnlandschaft aus offen ineinandergreifenden großen Teilräumen (3/4). Mobiliar, Böden, Wände und Decken sind ganz in Weiß gehalten, lebhaft farbige Kunstwerke lockern das Bild auf. Dinge des täglichen Bedarfs sind unsichtbar in Einbaumöbeln verwahrt. Moderne BUS-Steuerungstechnik für Temperatur, Verschattung und Belichtung, Feinregelung mit Touch Panels, eine zentrale Staubsaugeranlage und ein Panorama-Flachbildschirm am Kaminblock (4) vervollständigen den außergewöhnlichen Wohnkomfort.

WICHTIGE BAUDATEN

Bauaufgabe: Neubau für ein Ehepaar
Standort: am Ammersee, Oberbayern
Bauzeitraum: 2009–2010 (11 Monate)
Grundstücksgröße: ca. 1.200 m²
Wohnfläche: 297 m² zuzüglich 129 m² Nutzfläche und 105 m² Terrasse
Bruttorauminhalt (BRI): 1.559 m³
Bauweise: Holzmassivbau aus Brettschichtholz
Energiekonzept: Luft-Wärmepumpe als Zentralheizung, kontrollierte Be- und Entlüftung mit Wärmerückgewinnung, hocheffiziente Passivhaus-Verglasungen
Heizenergiebedarf/Jahr (nach EnEV): < 48 kWh/m²
Gesamtkosten: keine Angaben

2

3

4

STRANDHAUS MIT FACETTENSCHLIFF

1

2

An der Küste von Essex, nordöstlich von London, entwarf Alison Brooks ein Wohnhaus für eine vierköpfige Familie, das sich die Strandhäuser der Nachbarschaft zum Vorbild nahm. Aus dem traditionellen Walm- wurde allerdings ein vielfach gefaltetes Dach, das die Farbe der Bestandsbauten aufnimmt. Die Faltung setzt sich an der Fassade fort, was das Haus einem kristallinen Körper ähneln lässt (3) und eine optimale Ausrichtung hinsichtlich Ausblick und Belichtung ermöglicht (3/4). Davon profitieren insbesondere die Wohn- und Schlafräume auf der Meerseite. Große Öffnungen lassen Sonne und Luft durch das Haus fluten und schaffen weite Blickverbindungen (2/4). Der Eingangshof bildet zusammen mit dem Gästetrakt, der erhöhten Terrasse und der Umfriedung einen geschützten Raum im Freien (4). Fassaden, Terrassenbeläge und Zäune bestehen aus langlebigem Hartholz, das von Wind und Wetter mit der Zeit silbergrau patiniert wird (3/4). Die Faltungen und die Holzoberflächen in Gestalt von Böden und Brüstungen sind auch nach innen projiziert. Den gestalterischen Mittelpunkt des Wohnens bildet ein interner, über das Dach sanft beleuchteter Lichthof mit gefalteter Treppe, der die vertikale Durchlässigkeit betont (1/2).
Höher als die bestehenden Häuser und auf verstellbaren Pylonen errichtet, entstand hier zudem ein Pilotprojekt in Sachen hochwassersicheres Bauen. Das Haus wurde mit mehreren bedeutenden Architekturpreisen ausgezeichnet, unter anderem 2007 mit der *Manser Medal* des Royal Institute of British Architects (RIBA).

WICHTIGE BAUDATEN

Bauaufgabe: Neubau eines Ferienhauses für eine Familie mit zwei Kindern
Standort: Essex/Großbritannien
Bauzeitraum: 2005–2006 (14 Monate)
Wohnfläche: 260 m² zuzüglich 150 m² Terrassen
Bauweise: Stahl-Holz-Konstruktion
Gesamtkosten: 500.000 Pfund

3

4

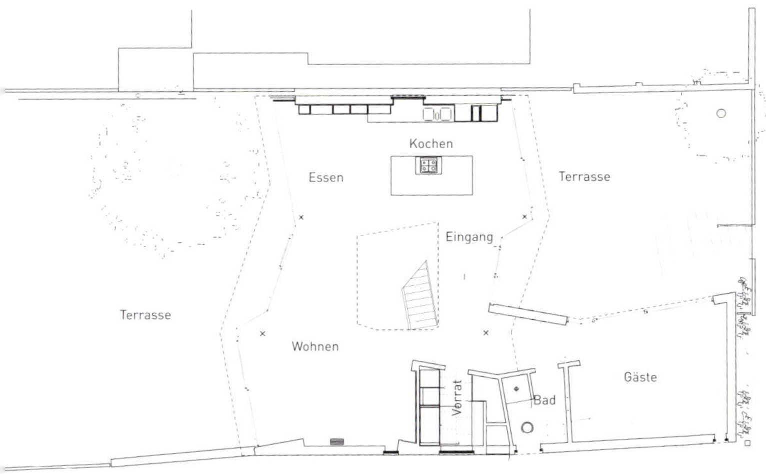

Erdgeschoss

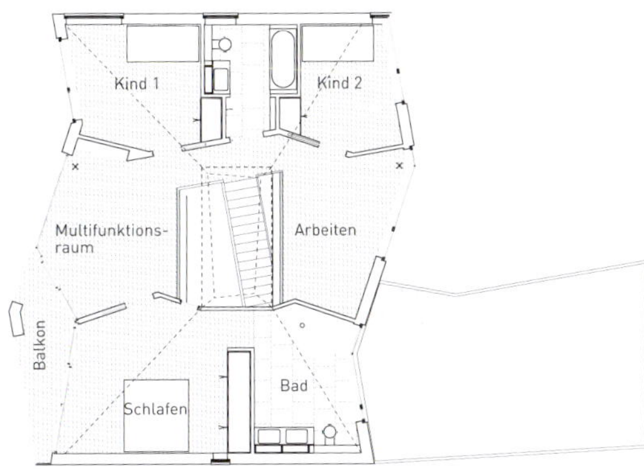

Obergeschoss

ALISON BROOKS ARCHITECTS,
London/Großbritannien
Projektleitung: Alison Brooks, Michael Woodford

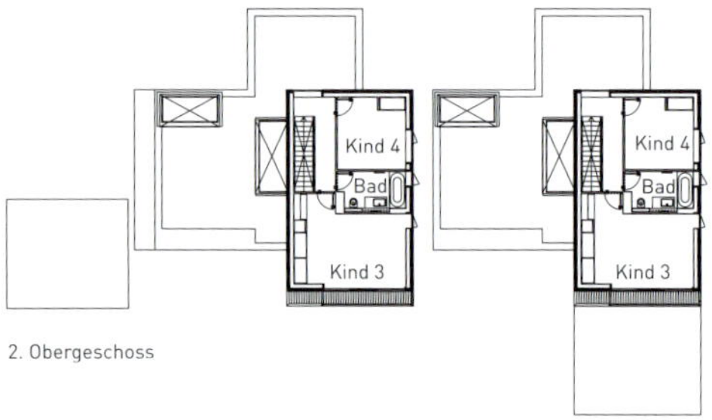

2. Obergeschoss

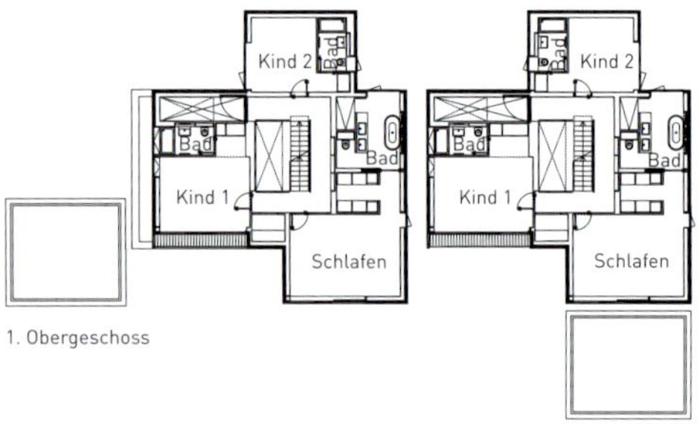

1. Obergeschoss

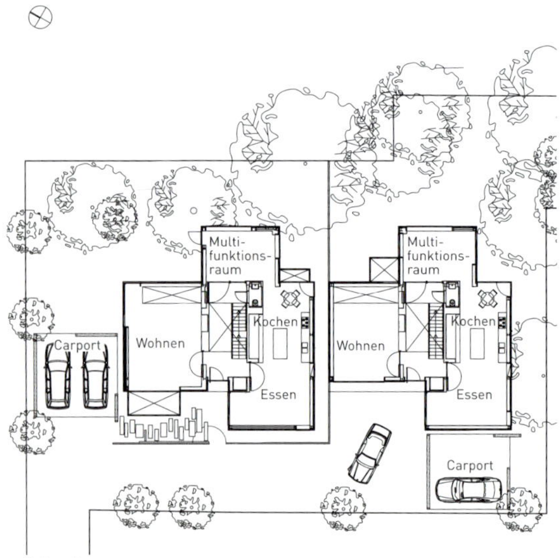

Erdgeschoss

ZWILLINGS-VILLEN

In teuren Großstadtlagen ist eine optimale Ausnutzung des Grundstücks von besonderer Bedeutung. Alison Brooks Architects planten auf einer zur Straße hin recht schmalen Parzelle zwei frei stehende, inzwischen mehrfach prämierte Einfamilienhäuser so geschickt, dass reichlich Gartenfläche blieb (4). Die beiden jeweils etwa 400 Quadratmeter großen, von ferne wie Doppelhäuser wirkenden Gebäude gleichen sich wie Zwillinge (1), selbst die Grundrisse weichen nur in Nuancen voneinander ab. Die einheitliche, gemeinsame und vereinfachte Planung und Ausführung verminderte die Baukosten. Die hohe individuelle Qualität steht dabei außer Frage. Aus unterschiedlich großen, verschieden gestalteten und mehr oder weniger weit auskragenden Kuben zusammengesetzt, entstanden leicht wirkende Villen mit Wohn-, Ess- und Kochbereichen, fünf Eltern-, Kinder- und Gästezimmern sowie einem Arbeitsbereich. Den Auftakt bildet jeweils eine über zwei Geschosse reichende Eingangshalle (3) unter einer 6 Quadratmeter großen Dachverglasung und mit einer Eichentreppe als Blickfang. Eine speziell für das Projekt entwickelte Verschalung aus in Reihen verlegten, schräg angebrachten Holzleisten bildet die Hülle des Wohn-Kunstwerks (1/2), die auch Carport und Zaun einschließt. Durch die außergewöhnliche Fassadengestaltung verändert sich die äußere Erscheinung der Häuser mit dem Wechsel von Tages- und Jahreszeit, Wetter und Sonnenintensität. Das Muster entwickelt eine suggestive Wirkung, das Haus wird gleichsam zu einer Op-Art-Skulptur (1/2/4).

WICHTIGE BAUDATEN

Bauaufgabe: Neubau zweier Einfamilienhäuser für Familien mit Kindern
Standort: London/Großbritannien
Bauzeitraum: 2005–2006 (18 Monate)
Wohnfläche je Haus: 434 m² zuzüglich 60 m² Terrassen
Grundstücksgröße: ca. 4.000 m² (beide Häuser)
Bauweise: Stahl-Holz-Konstruktion
Gesamtkosten: 1.800.000 Pfund

1

2

3

4

CCS ARCHITECTURE/CASS CALDER SMITH,
San Francisco – New York/USA
Projektleitung: Tim Quayle
Innenarchitektur: Lynn Ross Designs,
San Rafael, CA
Landschaftsarchitektur: Natalain Schwartz
Designs, Capitola, CA

1

2

3

MODERNE SCHEUNEN-ARCHITEKTUR IN KALIFORNIEN

Eine kinderreiche Familie aus San Francisco ließ sich, wenige Kilometer von der pazifischen Küste entfernt, vom renommierten Büro CCS ein ebenso komfortables wie nachhaltiges Ferienhaus planen. Ähnlichkeiten mit alten Farmgebäuden sind dabei keineswegs zufällig: Die Bautraditionen der Gegend wurden so in die Gegenwart übertragen, dass in zwei rechtwinklig miteinander verschränkten, in Holz errichteten und mit rostendem Stahl gedeckten Gebäuden (3/4) hochwertiger Wohnraum für die Eltern und ihre sechs Kinder geschaffen werden konnte.
Das zweigeschossige Wohnhaus kragt über das niedrigere Schlafhaus aus, das mit seinem Giebelvordach in die Landschaft blickt (3/4). Unter beiden Auskragungen entstanden geschützte Aufenthalts-, Spiel- und Terrassenplätze. Dazu gesellt sich ein etwas abgesetzter Bau, der als Familienspielstätte und Lagerraum dient. Der Wunsch der Bauherren nach einem schlichten, rau anmutenden Haus mit zeitgemäßem Komfort ging vollständig in Erfüllung. Die Fassade wird durch grob bearbeitete, wiederverwendete Scheunenbretter in unterschiedlichen, teils lebhaften Farbigkeiten rhythmisiert (3/4). Auch innen dominiert Holz und sorgt zusammen mit Solarkollektoren, die das Haus und den Pool erwärmen, für ökologische Nachhaltigkeit. Die lange Tischplatte im beeindruckenden offenen Wohn-, Ess- und Kochraum ist in einem Stück aus einem mächtigen umgestürzten Walnussbaum gearbeitet (1/4). Dazu kontrastieren die Estrichböden, Naturstein- und Stahloberflächen (1/2).

WICHTIGE BAUDATEN

Bauaufgabe: Neubau eines Ferienhauses für eine Familie mit sechs Kindern
Standort: bei Santa Cruz, Kalifornien/USA
Bauzeitraum: 2006–2009
Grundstücksgröße: ca. 60.000 m²
Wohnfläche: 260 m² zuzüglich 147 m² Nutzfläche in der »Scheune«
Bauweise: Holzkonstruktion
Energiekonzept: zentrale Scheitholzheizung, Solarthermie
Gesamtkosten: keine Angaben

4

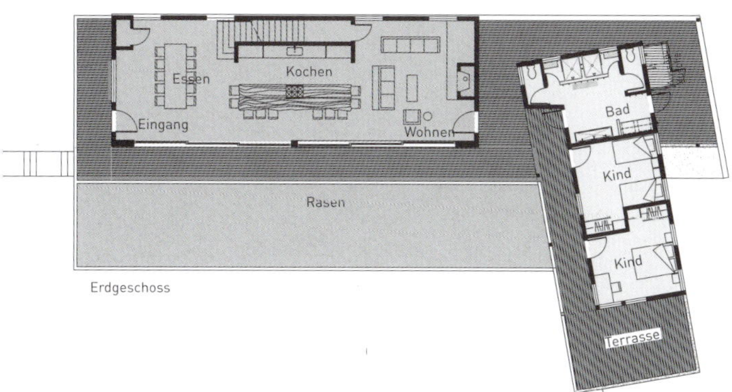

Erdgeschoss

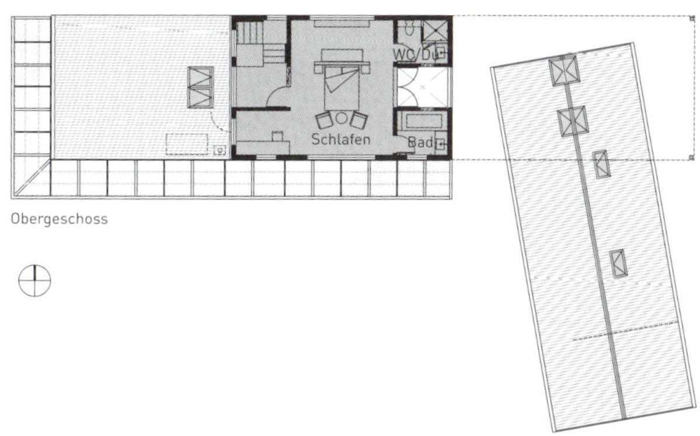

Obergeschoss

CHENG DESIGN, Berkeley, Kalifornien/USA
Projektteam: Fu-Tung Cheng, John Chan, Ann Kim, Frank Lee

1

2

3

POESIE IN BETON

Beton ist formbar. Leider wird aus dieser Eigenschaft oft zu wenig gemacht, denn sie bringt eine Vielzahl gestalterischer Möglichkeiten mit sich, die einem Haus individuellen Charakter verleihen. Fu-Tung Cheng, Inhaber des im kalifornischen Berkeley ansässigen Büros Cheng Design, lotet seit Längerem erfolgreich die Möglichkeiten des Werkstoffs im Bereich des anspruchsvollen Wohnens aus. Seine in Menlo Park errichtete moderne Villa kann als Zusammenfassung seiner Erfahrungen und Kenntnisse bezeichnet werden. Mit einem speziellen Verfahren, das Schalungsmaterial spart und es erlaubt, die Oberflächen perfekt zu gestalten, sind hier Innen- und Außenwände wie auch die Innenarchitektur ebenso spannend wie außergewöhnlich gestaltet (1–4). Lichteinlässe können wie auf der Eingangsseite Paisleymuster-ähnlich in die Fassade eingelassen oder als schmale Fugen ausgebildet sein (3), sich als Klappschiebefenster panoramaartig zum Pool öffnen (4) oder über das Dach Helligkeit hereinholen. Die Hausnummer (5) und auch ein florales Ornament sind als Betonreliefs Teil der Wände. Auch die Kochinsel ist als konisch zulaufender Korpus aus Beton gegossen (1). In Abgrenzung zu den gemeinschaftlichen Räumen der Familie (2) sind die privaten Bereiche mit Holz verschalt, was Intimität und Wärme ausstrahlt und ein Bindeglied zum wild wirkenden Gräsergarten (3) bildet. Der als einziges Element eines Vorgängerbaus erhaltene große Pool wurde der neu geschaffenen Architektur und dem natürlich wirkenden Umfeld angepasst (4).

WICHTIGE BAUDATEN

Bauaufgabe: Neubau für eine Familie mit zwei Kindern
Standort: Menlo Park, Kalifornien/USA
Bauzeitraum: 2006–2007 (18 Monate)
Grundstücksgröße: 1.090 m^2
Wohnfläche: 381 m^2 zuzüglich 102 m^2 Terrassen
Bruttorauminhalt (BRI): 889 m^3
Bauweise: massiv (Stahlbeton)
Gesamtkosten: < 2.000.000 US-Dollar

Erdgeschoss

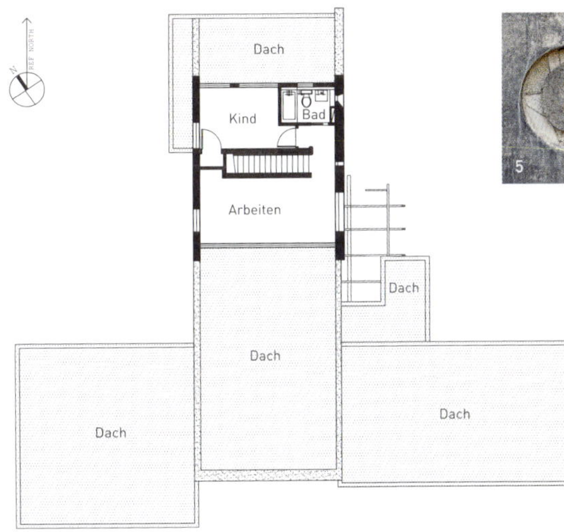

Obergeschoss

ARCHITEKTEN PETER UND HANNI DIETHELM-GRAUER, St. Gallen/Schweiz
Projektleitung: Milan Augustin

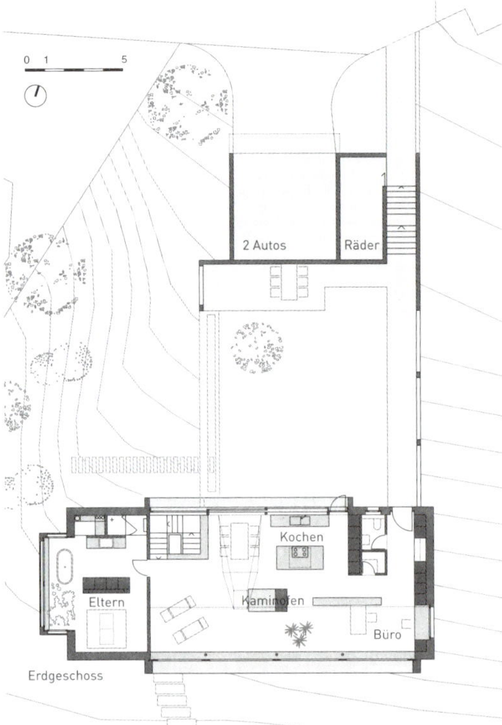

Erdgeschoss

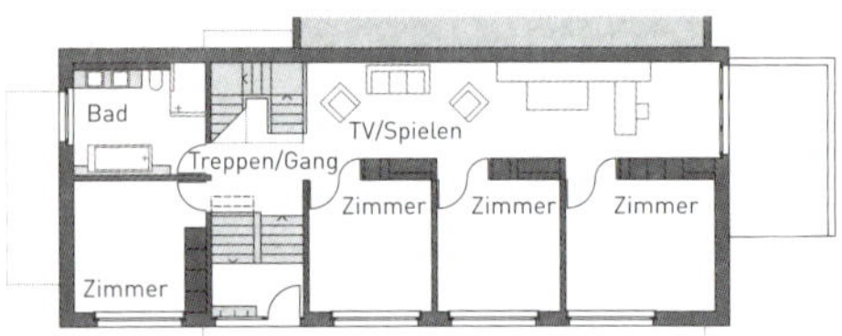

Untergeschoss

LEBEN RUND UMS ATRIUM

Die Bearbeitung des Geländes ist eine der schwierigsten Aufgaben in der Architektur. Hanni und Peter Diethelm-Grauer verstanden es, ein Hanggrundstück bei St. Gallen nicht nur sinnvoll zu bebauen, sondern eine Abfolge wahrer Raumkunststücke darauf unterzubringen. Eine ebenerdige Atriumanlage ist mit einem dreigeschossigen Wohnbaukörper verschmolzen. Vom ebenerdig erschlossenen Zugangsbereich mit der Garage (1) führt eine lange, gedeckte Betontreppe hinunter zum mediterran anmutenden, gekiesten Atriumhof und von dort geradeaus weiter zum Hauseingang (2). Der Hof ist auf drei Seiten geschlossen, aber nie hermetisch, sondern lässt gezielt gesetzte Sichtfenster frei. Je nach Sonnenstand sitzen die Bewohner entweder unter dem gedeckten Sitzplatz oder mitten im Hof zusammen, ein schmales Wasserbecken lädt zum Verweilen ein und markiert gleichzeitig den Geländeabfall zum Bach (2).
Vom Atrium geht es barrierefrei in den eindrucksvollen hallenartigen Wohn-, Ess- und Kochraum, der nur von wenigen Einbauten wie dem gemauerten Kaminofen strukturiert wird und ansonsten weite Blicke durch den Raum und in die Landschaft freigibt (3). Lichtkamine im Dach schaffen eine stimmungsvolle Atmosphäre, asymmetrische Verschneidungen setzen einen Kontrapunkt zur äußeren Symmetrie (3). Westlich des Wohnraums schließen sich Elternbereich und Bad (4) an, im Geschoss darunter befinden sich die Zimmer der Kinder mit dem Spielflur, die aus ihrem Reich direkt in den unteren Garten laufen können.

WICHTIGE BAUDATEN

Bauaufgabe: Neubau für eine Familie mit vier Kindern
Standort: bei Frauenfeld/Schweiz
Bauzeitraum: 2005–2006 (10 Monate)
Grundstücksgröße: ca. 1.217 m²
Wohnfläche: 246 m² zuzüglich 132 m² Atrium
Bruttorauminhalt (BRI): 1.510 m³
Bauweise: massiv (wärmedämmender Großbackstein, Innenwände Ziegelmauerwerk und Kalksandstein)
Energiekonzept: Erdwärmepumpe mit Erdregister, kontrollierte Be- und Entlüftung
Heizenergiebedarf/Jahr (nach PHHP/EnEV): ca. 50 kWh/m²
Gesamtkosten: keine Angaben

2

3

4

MINI-WOHNSTUDIO FÜR EINE KÜNSTLERIN

Kompakte Behausungen für Singles, als Feriendomizil oder wie in diesem Fall als Ort zum Wohnen und Arbeiten, sind schon aufgrund ihres geringen Material- und Energiebedarfs und ihrer überschaubaren Kosten ausgesprochen zukunftsfähig. Sie müssen wahre Alleskönner sein und verschiedenste Nutzungen auf kleinstem Raum unterbringen, wie dies beim Heim von Hanna Yoshimura vorbildlich gelöst wurde. Die Künstlerin lebt und arbeitet den überwiegenden Teil des Jahres in Japan, verbringt aber auch einige Monate in den USA, um Freunde zu besuchen und neue Inspiration zu finden. Der Architekt Michael Fifield entwarf für sie ein Wohnatelier inmitten eines wunderschönen Gartens, das trotz seiner knapp 25 Quadratmeter kein bisschen eng wirkt (3). Durch sorgsam gesetzte »Aussichtsfenster« werden Innenraum und Garten zur Einheit, die über 3,60 Meter breite Fensterfront nach Süden wird zum Panoramabild und sorgt für optimale Belichtung (1/3). Der zentrale, bis zum Dach geöffnete Atelierbereich nimmt etwa die Hälfte der Gesamtwohnfläche ein. Sein Zuschnitt ergab sich aus der Fläche von sechs Tatami-Matten, deren Maße im Bodenbelag nachempfunden sind (1/2). Das Atelier wird beidseitig von Funktionsräumen wie Küche und Bad/Toilette flankiert, über steile Raumspartreppen sind zwei Galerien zu erreichen, von denen eine als Schlafempore dient (1/2). Der reduzierten Gestalt entspricht die Farbigkeit und Materialität – anthrazitfarbenes Sperrholz für die Fassade, honigfarbenes Holz für die Fenster, grauer Estrichbelag und weiße Wände (1/2/3).

1

2

WICHTIGE BAUDATEN

Bauaufgabe: Neubau eines Wohn- und Atelierhauses für eine Person
Standort: Eugene, Oregon/USA
Bauzeitraum: 2007 (5 Monate)
Grundstücksgröße: 565 m²
Wohnfläche: 24,8 m² zuzüglich 7 m² Terrasse
Bruttorauminhalt (BRI): 71 m³
Bauweise: Holzbau, gedämmt und verschalt
Energiekonzept: passive Nutzung der Sonnenenergie, elektrisches Heizsystem
Gesamtkosten: 45.000 US-Dollar

3

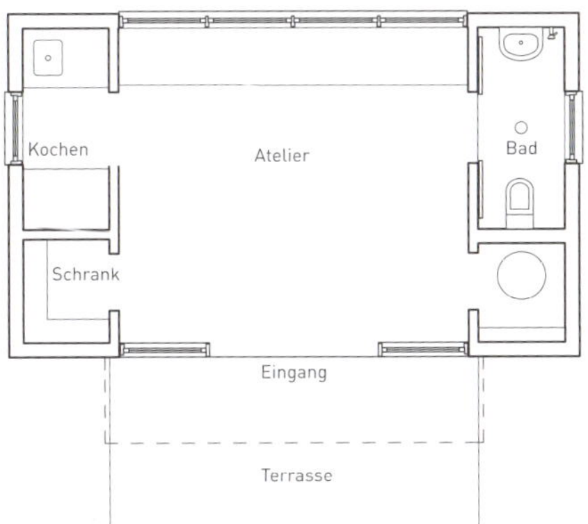

Erdgeschoss

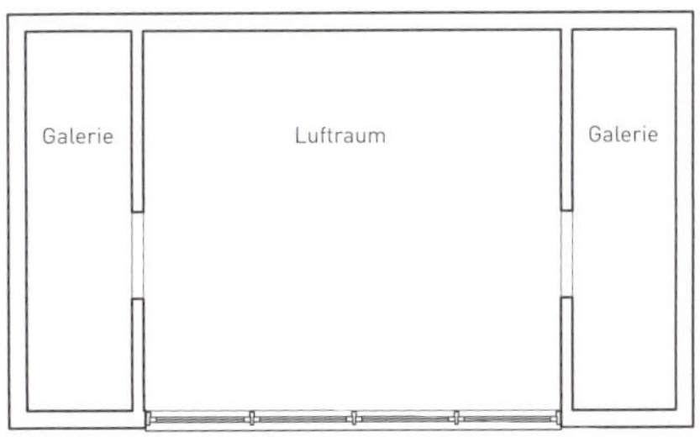

Galeriegeschoss

KLEINGARTENHAUS IN ORGANISCHER FORM

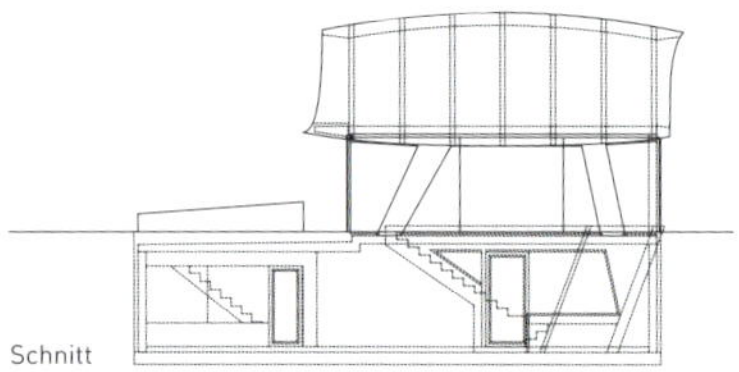

Schnitt

Der von Flatz_architects und Martin Murero entworfene Schrebergartenbau in Wien scheint einen rein spielerischen Charakter zu haben. Aber das organisch geformte Haus wurde auch aus funktionalen Gründen so und nicht anders konzipiert. Damit die Bauherren das ganze Jahr angenehm temperiert wohnen können, ist das Wohngeschoss an den Sonnenseiten weithin verglast (2/3/4). So sammelt es im Winter effizient Wärme, wird im Sommer aber durch das überstehende, elliptisch-tonnenförmige Obergeschoss vor zu viel Hitze geschützt (3/4). Die Schlafebene spart durch ihre organische Form und ihr somit sehr günstiges Verhältnis von Außenoberflächen zum Raumvolumen sowie durch die PU-Spritzdämmung beträchtlich Heizenergie ein. Die Lärchenleisten-Ummantelung des Obergeschosses nimmt Bezug auf die in der Siedlung vorherrschenden Holzfassaden und dient als Schutz für die Dämmschicht. In der Summe ergibt dies ein vornehmlich auf passiven Wärmegewinnen basierendes, außerordentlich günstiges Energiekonzept in einer architektonisch auffallenden Hülle mit hohem Wohnwert. Die Funktionen sind klar aufgeteilt – Arbeiten im gut belichteten Untergeschoss, Wohnen, Essen und Kochen im Erdgeschoss (1) und Schlafen/Kind im Kokon-artigen Obergeschoss (2). Auf Gartenniveau scheint das Haus ohnehin in seine grüne Umgebung überzugehen, auch Küche, Essplatz und Wohnbereich fließen ineinander (1/3/4). Die Erschließungsflächen sind zur Optimierung der verfügbaren Wohnfläche sehr knapp bemessen, der Raum ist insgesamt optimal genutzt.

WICHTIGE BAUDATEN

Bauaufgabe: Neubau für eine Familie mit Kind
Standort: Wien/Österreich
Bauzeitraum: 2004–2005 (14 Monate)
Grundstücksgröße: ca. 300 m²
Wohn- und Nutzfläche: 170 m² zuzüglich 56 m² Terrassen
Bruttorauminhalt EG + OG (BRI): 249,9 m³
Bauweise: Holzriegelkonstruktion, gedämmt; Untergeschoss und Decken Stahlbeton, gedämmt
Energiekonzept: passive Nutzung der Solarenergie, Gas-Brennwerttherme
Heizenergiebedarf/Jahr (nach EnEV): 26 kWh/m²
Gesamtkosten: keine Angaben

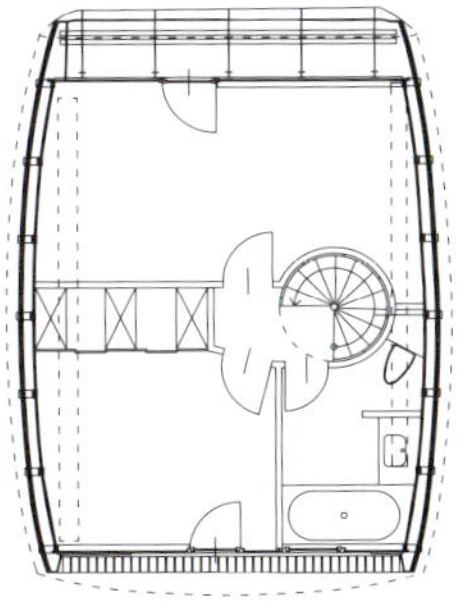
Obergeschoss

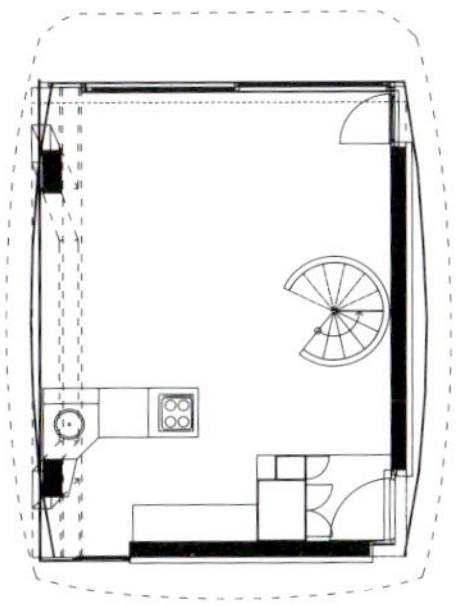
Erdgeschoss

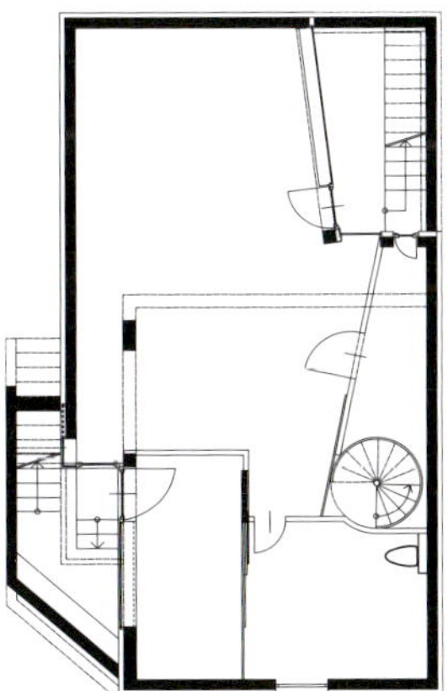
Kellergeschoss

4

DAS BAUMHAUS

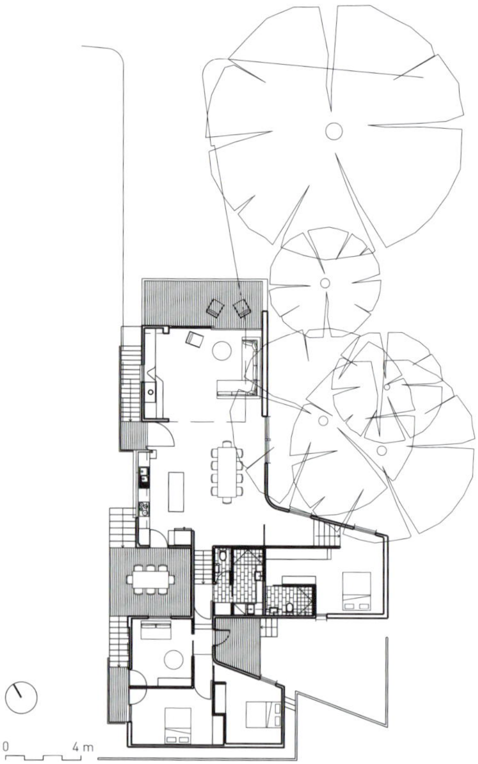

Grundriss

1

Ein ausgedehnter Grünbestand an der australischen Südküste bildet die fantastische Kulisse für ein Wohnhaus mit Meerblick. Ein Ehepaar mit zwei erwachsenen Töchtern ließ sich hier von der Architektin Fiona Dunin ein Domizil planen, das die Landschaft als integralen Bestandteil der Architektur auffasst. Der anthrazitfarbene Ton der teils aus Zinkstahl, teils aus Holz bestehenden Fassadenverkleidung orientiert sich an der Rinde der hiesigen Eukalyptus-Bäume (2). Vor allem aber stellen die Bäume wichtige Marken dar, an denen sich Gebäudeform und Grundriss orientieren (2). Die Raumbeziehungen bekommen durch die Split-Level-Organisation, die dem Verlauf des Hangs folgt, eine besondere Spannung. Der »Ruhetrakt« mit drei Schlafzimmern, ein Yogaraum und der gemeinschaftliche Bereich der Familie sind nicht nur verschiedenen Ecken des Hauses zugeordnet, sondern auch durch Niveauunterschiede voneinander getrennt (3). Den jeweiligen Bereichen wurden verschiedene Freiflächen zugeordnet, die den Charakter der Innenräume nach außen übertragen. Der großflächig verglaste Wohnraum wendet sich mit seiner auskragenden Terrasse der Küste, dem Meer und der Sonne zu (1/4), während hangseits ein zurückgezogener, schattiger Sitzplatz Geborgenheit bietet. Außentreppen verbinden die Ebenen. Teils farbig abgesetzte, kastenartige Fensterlaibungen wie etwa beim Badezimmer setzen die Umgebung perfekt in Szene (5).

WICHTIGE BAUDATEN

Bauaufgabe: Neubau für eine Familie mit zwei erwachsenen Kindern
Standort: bei Melbourne/Australien
Bauzeitraum: 2008–2009 (12 Monate)
Grundstücksgröße: 572 m²
Wohnfläche: 196 m² zuzüglich 238 m² Terrassen
Bruttorauminhalt (BRI): 528 m³
Bauweise: Holzrahmenkonstruktion
Energiekonzept: Gas-Brennwerttherme, Kaminofen im Wohnbereich
Gesamtkosten: keine Angaben

3

4

5

Planung Gebäude (inklusive Einbauten, Mobiliar und Außenanlagen/Garten):
FUCHS, WACKER. ARCHITEKTEN, Stuttgart
Lichtplanung: Candela Lichtplanung

NEUE KLASSISCHE MODERNE MIT EXQUISITER RAUMQUALITÄT

Stuttgarts beste Lagen bieten nicht nur eine wunderbare Aussicht, sondern auch ausgezeichnete Möglichkeiten für die kreative Gestaltung von Architektur. Fuchs, Wacker. architekten nutzten die Gunst der Südhangparzelle, um eine weiße Villa mit außergewöhnlichen Qualitäten zu inszenieren. Die bis ins Detail durchdachte Planung umfasst auch das Mobiliar und die von den Architekten individuell entworfenen und vom Schreiner gefertigten Einbauten. Die Türen sind ausnahmslos raumhoch eingebaut und rahmenlos ausgeführt, die Bodenbeläge überwiegend aus Naturstein (*Dorfer Grün*), die Treppen und Podeste aus massivem Nussbaumholz gefertigt. Beim Mobiliar wurden Nussbaum, Zebrano-Holz und Weißlackoberflächen kombiniert (1/2). Eine Lichtplanungsfirma sorgte für das perfekte, über ein BUS-System gesteuerte Beleuchtungskonzept.
Mehrere Teilkuben mit unterschiedlichen Anteilen geschlossener und verglaster Fassadenflächen, die von Treppenläufen begleitet werden (4), staffeln sich, dem Hangniveau folgend, hinauf bis zum Eingangs- und Zufahrtsniveau im Norden. Die Alubeplankung von Eingangstür und Garagentor kontrastiert mit den weißen Putzflächen (3). Ganz unten bildet das Studiogeschoss mit dem Kaminzimmer den transparent gläsernen Unterbau, aus dem sich eine große Sonnenterrasse nach Süden hinausschiebt (1/4). Koch- und Essbereich inklusive einer Terrasse liegen im Eingangs- und Dachgeschoss und gewährleisten kurze Wege und optimale Nutzbarkeit. Wohnraum, Schlafzimmer und Bad befinden sich zwischen den beiden Ebenen und sind so von unten wie von oben gut zu erreichen.

WICHTIGE BAUDATEN

Bauaufgabe: Neubau für ein Paar
Standort: Stuttgart
Bauzeitraum: 2008–2009 (12 Monate)
Grundstücksgröße: 782 m²
Wohnfläche: 220 m² zuzüglich 70 m² Nutzfläche und 15 m² Balkone
Bruttorauminhalt (BRI): 1.095 m³
Bauweise: massiv (Stahlbeton, gedämmt und verputzt)
Energiekonzept: Luft-Wärmepumpe, kontrollierte Entlüftung
Heizenergiebedarf/Jahr (nach PHHP/EnEV): 73,66 kWh/m²
Gesamtkosten: keine Angaben

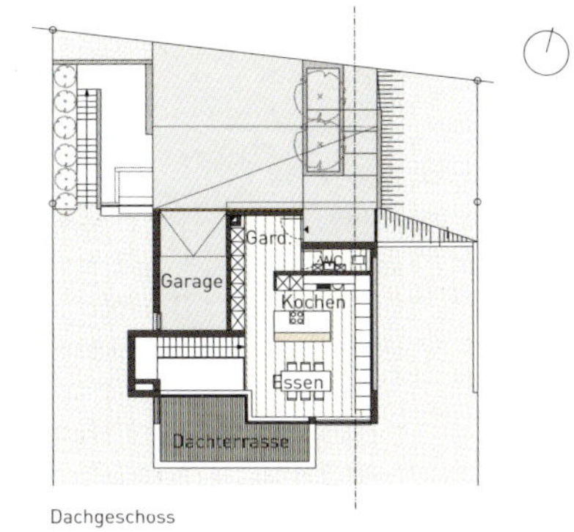

Dachgeschoss

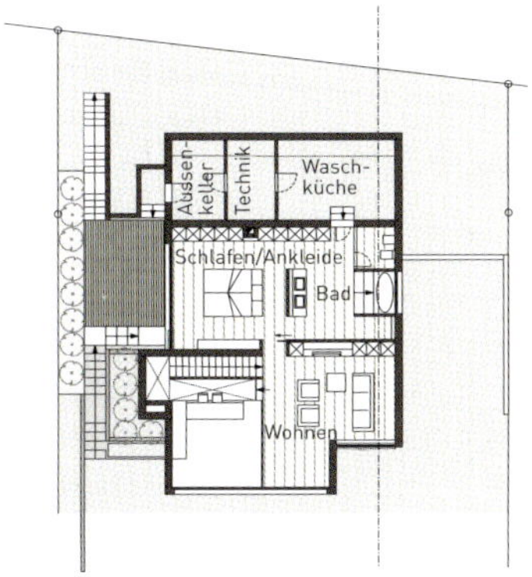

Obergeschoss

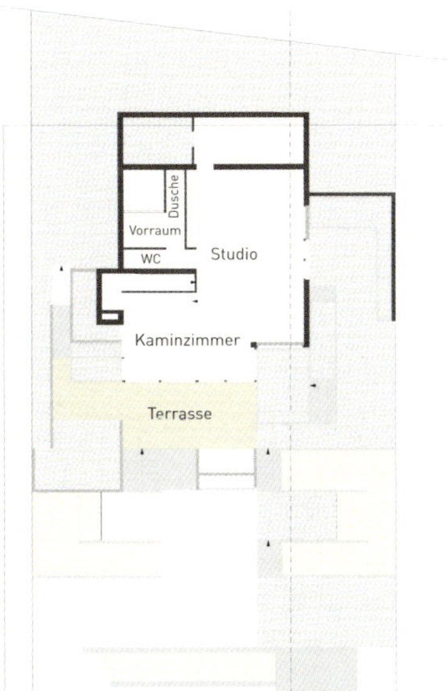

Erdgeschoss

VILLENINSZENIERUNG ÜBER DEM SEE

1

2

3

Das Hanggrundstück hoch über dem Ammersee bietet den optimalen Schauplatz für eine veritable Architekturdarbietung. Der Baukörper folgt einer ausgeklügelten Dramaturgie, die gekonnt Spannungsmomente setzt, so etwa durch die Teilung in drei äußerlich klar voneinander getrennte Ebenen: Das auskragende Obergeschoss, mit ganz in Weiß durchgefärbten Sichtbetonelementen, scheint über dem weitgehend gläsernen Erdgeschoss zu schweben. Der monolithisch anmutende Unterbau wiederum erdet den Baukörper durch seine graue Hülle aus Maggia-Granit (4/5). Vom straßenseitigen Zugang aus stellen ein Atrium mit Wasserbecken und eine vertikale Glasfuge die optische Verbindung zum See sowie zwischen den oberen und unteren Ebenen her. Vorgehängte, individuell nachgedunkelte Lamellen aus Baubronze strukturieren und rhythmisieren die Eingangsfassade. Seeseits führt eine scheinbar unendlich lange Steintreppe zum Ufer und zum Bootssteg hinunter (5).
Im Inneren bilden insbesondere Erd- und Obergeschoss ein gemeinsames Raumkunstwerk. Von den Einbauten über das Mobiliar bis hin zur Kunst ist jedes Element sorgfältig gearbeitet und mit Bedacht gewählt. Ausgesuchte und hochwertige Materialien wie der Maggia-Granit, der auch für Böden und Wände Verwendung fand, Eichenholz und Leder bestimmen die Innenräume (1/2/3). Die Beleuchtung kann im ganzen Gebäude je nach Stimmung variiert werden, und auch die musikalische Beschallung lässt sich nach Wunsch steuern.

WICHTIGE BAUDATEN

Bauaufgabe: Neubau für eine Familie
Standort: am Ammersee, Oberbayern
Bauzeitraum: 2008–2009 (15 Monate)
Grundstücksgröße: ca. 1.800 m²
Wohnfläche: 580 m² zuzüglich 630 m² Nutzfläche, 260 m² Terrassen und Balkone
Bruttorauminhalt (BRI): 2.100 m³
Bauweise: massiv (Ziegelmauerwerk und Stahlbeton, gedämmt)
Heizenergiebedarf/Jahr (EnEV): 69,4 kWh/m²
Gesamtkosten: keine Angaben

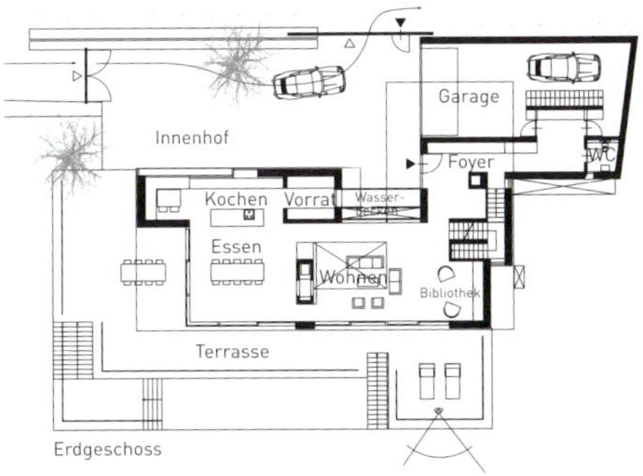
Innenhof
Garage
Foyer
WC
Kochen
Vorrat
Essen
Wohnen
Bibliothek
Terrasse
Erdgeschoss

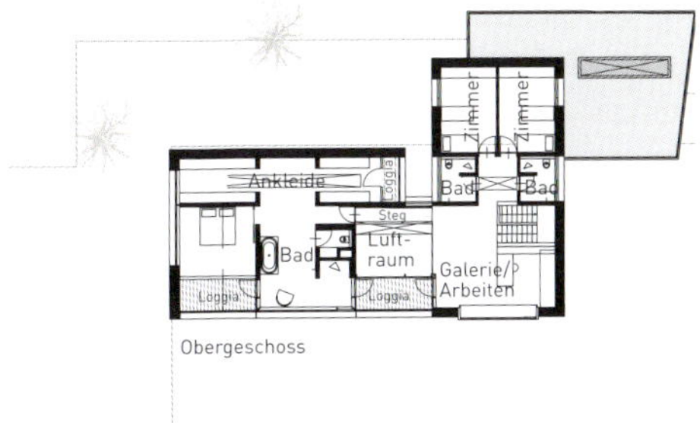
Zimmer
Zimmer
Ankleide
Loggia
Bad
Bad
Steg
Bad
Luft-
raum
Galerie/
Arbeiten
Loggia
Loggia
Obergeschoss

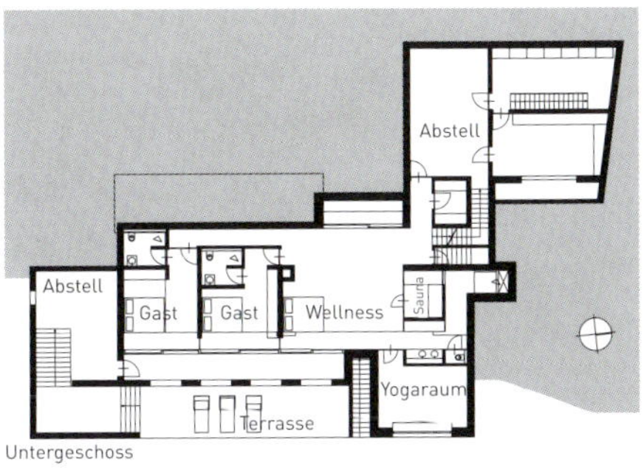
Abstell
Abstell
Gast
Gast
Wellness
Sauna
Yogaraum
Terrasse
Untergeschoss

4

5

GREGOR FUCHSHUBER & PARTNER
FREIE ARCHITEKTEN, Leipzig
Projektleitung: Gregor Fuchshuber

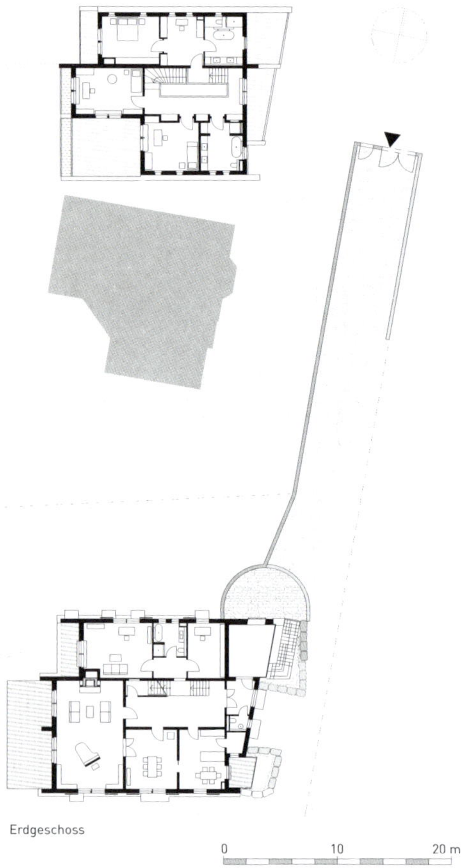

Erdgeschoss

WOHNEN IM PARK

Auf einem sanft geneigten Parkgrundstück bei Leipzig entstand für eine musikbegeisterte Familie ein formal ebenso anspruchsvolles wie klar gegliedertes Wohnhaus. Auf drei Seiten von alten Bäumen umgeben, wird das Anwesen durch eine lange, von niedrigen Natursteinmauern gefasste Zufahrt inszeniert (2). Eine die nördliche Außenwand durchbrechende Wandscheibe markiert mit einer türartigen Öffnung den Durchgang zum Gebäude (2). Spannung verleiht dem durch eine massive Mittelwand in Eltern/Arbeits- und Wohn/Kinderbereich unterteilten Baukörper nicht zuletzt das teilweise zurückspringende Obergeschoss, das vorgelagerte Freiflächen entstehen ließ (1). Sie sind vom Elternschlafzimmer, dem Bad und der Galerie aus zu erreichen, die beiden Kinder erhielten eine große Terrasse zur gemeinsamen Nutzung. Eltern- und Kinderbereich wurden voneinander getrennt und bekamen je ein eigenes Bad. Der Treppenraum mit der Galerie bildet den Dreh- und Angelpunkt der Raumorganisation (3). Die Innenausstattung beschränkt sich ganz bewusst auf wenige anspruchsvolle Materialien – bei den Bodenbelägen Solnhofener Platten beziehungsweise Eichendielen (3/4). Die von den Architekten geplanten und vom Schreiner sondergefertigten Einbauten wie Treppen und Schränke unterstützen durch ihre weiße Farbe den lichten und freundlichen Charakter der Innenarchitektur, ebenso wie das effektvolle, aber unaufdringliche Beleuchtungskonzept. Im Wohn- und Musikzimmer setzt die rote Wand beim Kamin einen warmen Akzent (4).

WICHTIGE BAUDATEN

Bauaufgabe: Neubau für eine Familie mit zwei Kindern
Standort: bei Kronberg, Sachsen
Bauzeitraum: 2008–2009 (12 Monate)
Grundstücksgröße: 1.887 m²
Wohnfläche: 370 m² zuzüglich 190 m² Keller und 77 m² Terrassen
Bruttorauminhalt (BRI): 2.300 m³
Bauweise: Holzständerkonstruktion, gedämmt und verputzt, teilweise holzverschalt
Energiekonzept: Erdwärmepumpe und Solarkollektoren
Heizenergiebedarf/Jahr (nach EnEV): 40,5 kWh/m²
Gesamtkosten: keine Angaben

2

3

4

GREGOR FUCHSHUBER & PARTNER
FREIE ARCHITEKTEN, Leipzig
Projektleitung: Marcus Kröber

IM GEIST DES BAUHAUSES: GEMEINSAM BAUEN UND WOHNEN

1

2

3

Gemeinsam zu bauen kann ein Abenteuer mit ungewissem Ausgang sein, aber bei guter Planung und kompetentem Architekten zum Erfolgsprojekt werden. So wie in diesem Fall, bei dem das Leipziger Büro Gregor Fuchshuber ein Einfamilienhaus und ein Doppelhaus für drei befreundete Familien plante. Maßgabe war es, die Einheiten auf dem Grundstück am innerstädtischen Anwald von Leipzig so unterzubringen, dass gute Architektur mit höchstem Wohnwert zu niedrigen Kosten entstünde. Alle Ziele wurden erreicht, und noch mehr: Die planvolle Anordnung der aus Kuben geschichteten Baukörper eröffnet allen Parteien reizvolle Ausblicke in die Natur, ermöglicht ihnen optimale Besonnung und Belichtung und erhielt große zusammenhängende Freibereiche im gemeinsamen Garten, da auf Abgrenzungen in Form von Zäunen oder Ähnlichem verzichtet werden konnte. Die Häuser sind deutlich in der Tradition der Bauhaus-Architektur gehalten: Die geometrische Klarheit mit der auch energetisch sinnvollen kompakten Form und den außenbündig in die Fassaden gesetzten, teils übereck verlaufenden Fensterbändern zeigt deutlich das Erbe der klassischen Moderne. Hier ist aus dieser Tradition eine überaus anspruchsvolle, zeitgemäße Architektur entstanden. Aufgesetzte Staffelgeschosse in dunklem Rot schließen die Gebäude nach oben ab und akzentuieren diese. Im Inneren dominieren offene Raumzusammenhänge mit hellen Wänden und hochwertigen Bodenbelägen aus Eiche.

WICHTIGE BAUDATEN

Bauaufgabe: Neubau eines Einfamilienhauses und eines Doppelhauses für drei Familien
Standort: Leipzig
Bauzeitraum: 2008–2009 (11 Monate)
Grundstücksgröße: ca. 1.900 m²
Wohnfläche gesamt: 560 m² zuzüglich 65 m² Nutzfläche und 153 m² Terrassen
Bruttorauminhalt (BRI) gesamt: 2.555 m³
Bauweise: massiv, gedämmt und verputzt
Energiekonzept: Grundwasser-Wärmepumpe
Heizenergiebedarf/Jahr (nach EnEV): 32 kWh/m²
Kosten pro m² Wohnfläche: 1.350 Euro

4

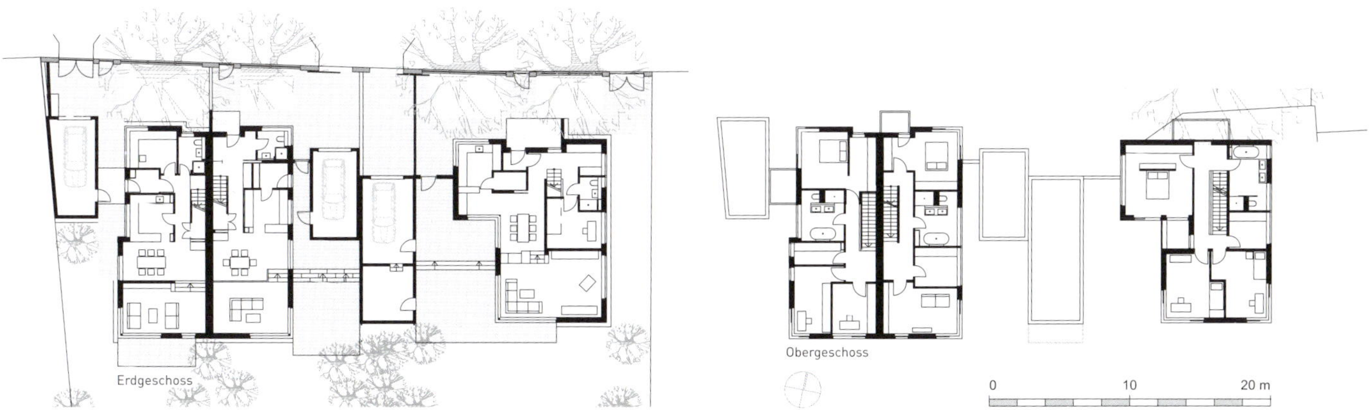

GREGOR FUCHSHUBER & PARTNER
FREIE ARCHITEKTEN, Leipzig
Projektleitung: Gert-Ingulf Müller

TRIPTYCHON IN WEISS

Die Villenarchitektur der Renaissance als architektonische Anleihe zu nutzen, kann kein Fehler sein – jedenfalls nicht, wenn es so virtuos und mit solch gestalterischer Eigenständigkeit geschieht wie hier. In Anlehnung an seine Vorbilder stellt sich der Baukörper dreigeteilt dar – linker Hand der Wohnteil mit der weiß umrahmten Dachterrasse, mittig eingeschoben und zurückversetzt der Erschließungs- und Galeriebau mit der zentralen Eingangshalle sowie schließlich das kleinere Arbeits- und Gästehaus (1/2). Im Obergeschoss des Gästetrakts befindet sich der Bereich der erwachsenen Tochter. Das überaus klar gegliederte, verglaste Obergeschoss des Zwischentrakts zitiert die Loggien der Renaissance, das darunter auf der Westseite zentral angeordnete Portal setzt den Kontrapunkt in einer ansonsten geschlossenen Fassade (2).
In dem eingewachsenen, japanisch beeinflussten Garten mit größtenteils erhaltenem Baumbestand wird das Hauptgebäude von einem großen Wasserbecken sowie der südseitigen Terrasse winkelförmig gefasst (1). Die Palette der bewusst zurückhaltenden, zeitlosen Farbtöne innen wie außen reicht vom Weiß der Wände und der Deckenschalung über das mittlere Grau der Fensterrahmen, der Außenbeläge und der Sichtbeton-Treppenscheibe (3) bis hin zum Anthrazit beziehungsweise Schwarz der Schieferböden und des Mobiliars im Inneren (1–4). Dem übereck ineinander übergehenden Wohn- und Essbereich verleihen Massivholzböden einen warmen Charakter (4).

Obergeschoss

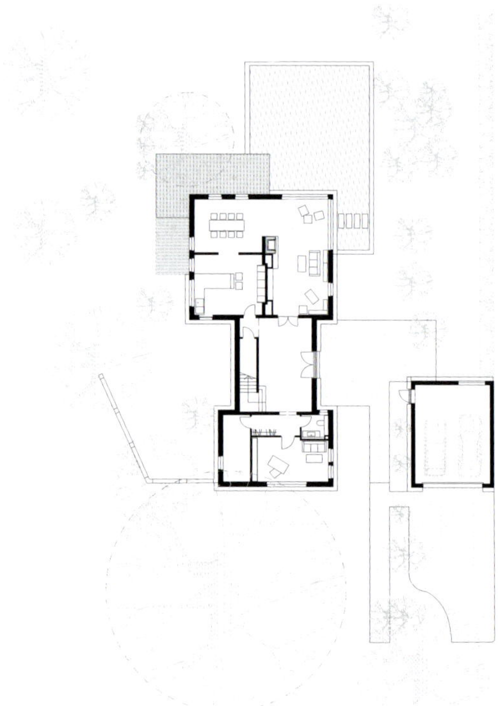
Erdgeschoss

WICHTIGE BAUDATEN

Bauaufgabe: Neubau für eine Familie mit einem erwachsenen Kind
Standort: bei Leipzig
Bauzeitraum: 2008–2009 (12 Monate)
Grundstücksgröße: ca. 1.980 m²
Wohnfläche gesamt: 280 m² zuzüglich 16 m² Terrassen
Bruttorauminhalt (BRI): 1.413 m³
Bauweise: massiv, gedämmt und verputzt
Energiekonzept: Gas-Brennwerttherme
Heizenergiebedarf/Jahr (nach EnEV): 49 kWh/m²
Kosten pro m² Wohnfläche: 1.850 Euro

1

2

3

4

BAUEN MIT DER LANDSCHAFT

Die Lage eines Hauses beeinflusst dessen Attraktivität beträchtlich. Auf einem Hanggrundstück über einem oberbayerischen Flüsschen verstand es der Architekt Christian Fußner, einen ebenso klaren wie einladenden Baukörper zu schaffen, der die Gegebenheiten des Geländes auf die Architektur überträgt und die Wechselwirkung zwischen Haus und Landschaft inszeniert. Der nördliche Eingang (4) mit Treppenraum, Flur und dem sich südlich anschließenden Koch- und Essbereich befinden sich auf einer Ebene, während die »Wohnkuhle« mit der Sofaecke und dem Kamin dem Gelände folgend einige Stufen tiefer liegt (1). Dadurch ergibt sich einerseits die Atmosphäre eines geschützten Rückzugsbereichs, andererseits aber auch eine noch unmittelbarere Verbindung mit der Natur. Große, wohlgesetzte Verglasungen nach Süden und Südwesten machen die Flussauen zum allgegenwärtigen Landschaftspanorama (1/2). Die zum Fluss hin abgetreppte, häufig als Sitzbank genutzte Terrasse (3/5) leitet über in die Wiese und hinunter zur Terrasse am Wasser und zum Steg, von dem aus die Familie gerne Bootsfahrten unternimmt (2).

Im Haus sorgen die großen, dreifach verglasten Scheiben nicht nur für beste Aussichten, sondern auch für hohe passive Wärmegewinne. Gas-Brennwerttechnik, Solarkollektoren und der Holzscheitkamin (1) geben ihre Energie an einen Pufferspeicher ab. Jalousetten, Beleuchtung und Musikanlage werden zentral beziehungsweise automatisch gesteuert.

WICHTIGE BAUDATEN

Bauaufgabe: Neubau für eine Familie mit zwei Kindern
Standort: bei Freising, Oberbayern
Bauzeitraum: 2008 (9 Monate)
Grundstücksgröße: ca. 600 m²
Wohnfläche: 170 m² zuzüglich 60 m² Nutzfläche (ohne Garage) und 42 m² Terrassen
Bruttorauminhalt (BRI): 900 m³
Bauweise: massiv (Ziegelmauerwerk, gedämmt)
Energiekonzept: passive Wärmegewinne, Solarkollektoren, Gas-Brennwerttherme, Holzscheitkamin
Heizenergiebedarf/Jahr (nach EnEV): 59,6 kWh/m²
Gesamtkosten: 380.000 Euro

2

3

4

5

WIM GOES ARCHITECTUUR, Gent/Belgien
Projektteam: Wim Goes und Anja Houbaert
Gartenplanung: No Van Wonterghem und Wim Goes Architectuur

DAS REFUGIUM

Die Landschaft Flanderns lieferte schon den flämischen Expressionisten reiche Inspiration. In dieser Region mit Feuchtwiesen, Wasserläufen und Teichen befindet sich dieses moderne Wohnhaus. Ein vor Jahren zum Wohnen umgenutzter Bauernhof auf einer Warft sollte nach dem Wunsch der Bauherren erweitert werden. Der Architekt Wim Goes fand die richtige Balance aus Anpassung und Moderne und brachte das natürliche Idyll und die Architektur in eine harmonische Symbiose. Das in einen Teich gebaute Satteldachhaus wird zusammen mit dem Steg zum Teil der Umgebung, ohne sich dieser aufzudrängen (1/3). Um zwischen der Warft mit dem Altbau zur Landschaft zu vermitteln, nimmt der Neubau das natürliche Niveau auf (3).
Die Konstruktion des Gebäudes besteht überwiegend aus Holz, ein zentral angeordneter Kamin (2) dient der Aussteifung, auch gegen die in dieser Gegend herrschenden starken Winde. Auf dem Dach halten *redwood*-Schindeln das Niederschlagswasser ab. Der Dachfirst ist entsprechend dem vorherrschenden Westwind ausgerichtet. Eine rote Kupferverblechung leitet das Regenwasser über ein Fallrohr in den Teich; Kupfer hat die Eigenschaft, Patina anzusetzen, wird daher mit der Zeit das Erscheinungsbild der Architektur verändern und seine eigene Schönheit finden. Das Spiel von Licht und Schatten, die Reflexionen des Wassers, die Veränderung von Tages- und Jahreszeiten wird von den Bewohnern intensiv erlebt. Große Glasschiebetüren verwischen die Grenzen zwischen Innen und Außen, die Holzleistenfassade bringt Licht- und Schattenspiele in den Raum (2/3).

1

2

WICHTIGE BAUDATEN

Bauaufgabe: Anbau als Erweiterung bestehender Gebäude
Standort: Ostflandern, Belgien
Bauzeitraum: 2008–2009
Grundstücksgröße: ca. 6.735 m²
Wohnfläche: 86 m² zuzüglich 24 m² Terrasse
Bruttorauminhalt (BRI): 325 m³
Bauweise: Betonfundament, Holzkonstruktion mit zentralem Kamin
Energiekonzept: Scheitholzheizung im Wohnraum
Gesamtkosten: keine Angaben

3

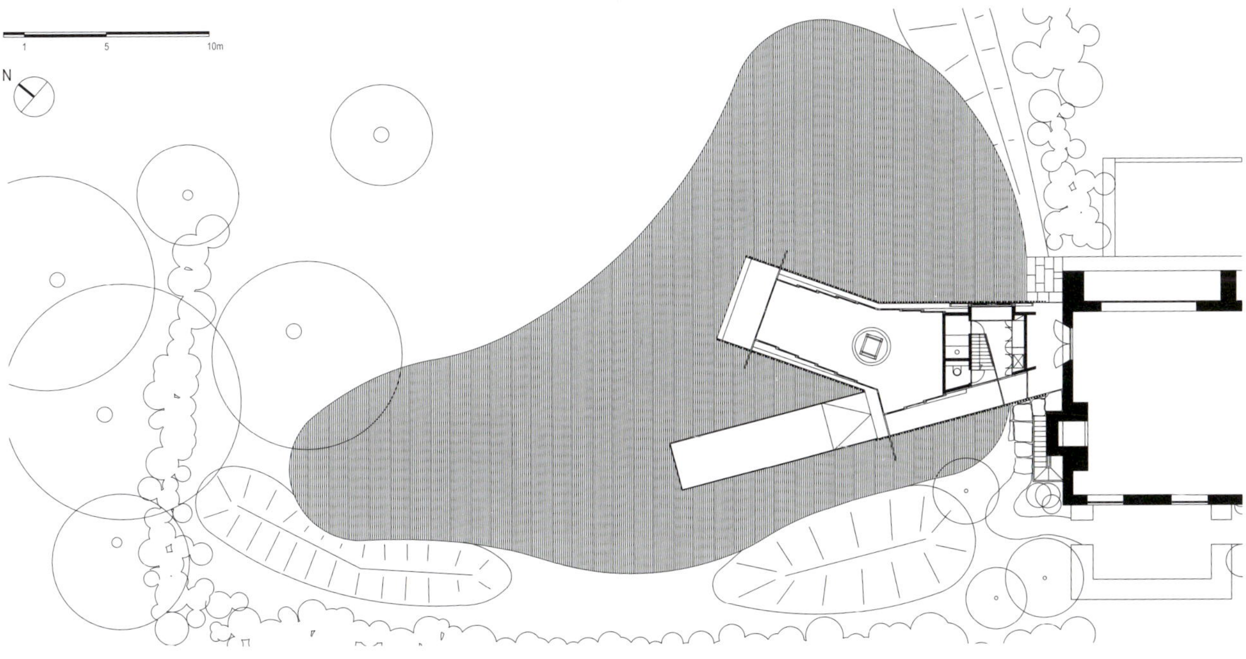

1

2

3

DAS »STADTFERIENHAUS«

Bauen in der Stadt ist keine ganz einfache Aufgabe. Meist sind die Parzellen klein, die Bauvorschriften streng und die Lösung des Belichtungsproblems ist schwierig. Wim Goes hat im belgischen Gent aus einem schmalen Gebäude des 19. Jahrhunderts ein zeitgemäßes Wohnkunst-Haus geschaffen. Von der Straße aus erschlossen, zeigt sich das Haus dort mit einer kleinteiligen, restaurierten Fassade, die hintere Front ist in Umkehrung des historisch Üblichen zur eigentlichen Hauptfassade geworden (4). Ausgesprochen modern, wendet sie sich mit einem über drei Geschosse laufenden, teils asymmetrisch strukturierten Glasband dem großen Wohnhof zu und holt von dort viel Sonnenlicht nach innen (3/4). Über eine Dachverglasung werden die Räume und die sich in organischen Schwüngen nach oben windende Treppe (2/3) sanft erhellt (2). Auf Erdgeschossniveau geht es vom straßenseitigen Kochbereich über den Essplatz hinaus in den Gartenhof, eine ruhige und nun auch grüne Idylle inmitten hoher Bebauung (3). In den darüberliegenden Etagen befinden sich Schlaf- und Wohnräume, Bäder sowie ein Balkon. Ganz oben blicken die Bewohner aus dem Hauptschlafzimmer oder von der neuen Dachterrasse auf die Dächer der Stadt (4). Es entstand ein »Ferienhaus« für alle Tage, mit ineinanderfließenden Raumstrukturen, einer klaren Abstufung an Privatheit vom Eingang bis zur intimen Hofseite, unterschiedlichsten Raumeindrücken (1–3) – und Ruhe, Licht und Sonne in Fülle.

WICHTIGE BAUDATEN

Bauaufgabe: Umbau und Neugestaltung eines Wohnhauses für eine Familie
Standort: Gent/Belgien
Bauzeitraum: 2008–2009
Grundstücksgröße: 107 m²
Wohnfläche: 220 m² zuzüglich 7,5 m² Terrassen
Bruttorauminhalt (BRI): 685 m³
Bauweise: massiv (Ziegelmauerwerk, teils verschalt)
Energiekonzept: Brennwertheizung, kontrollierte Be- und Entlüftung
Gesamtkosten: keine Angaben

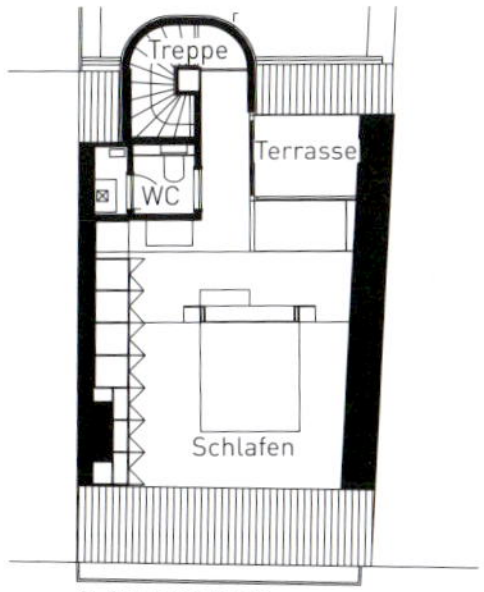

3. Obergeschoss

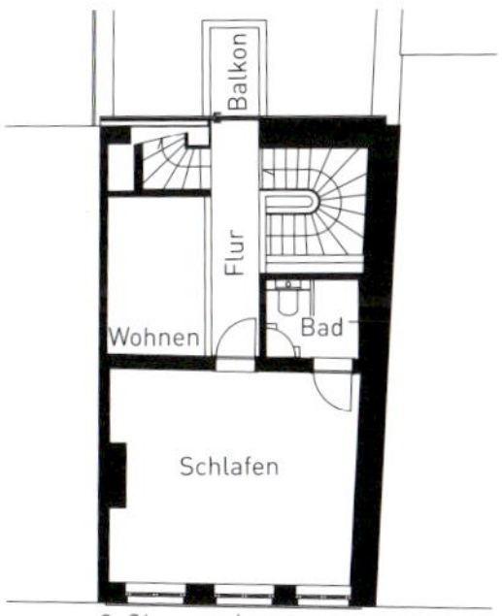

2. Obergeschoss

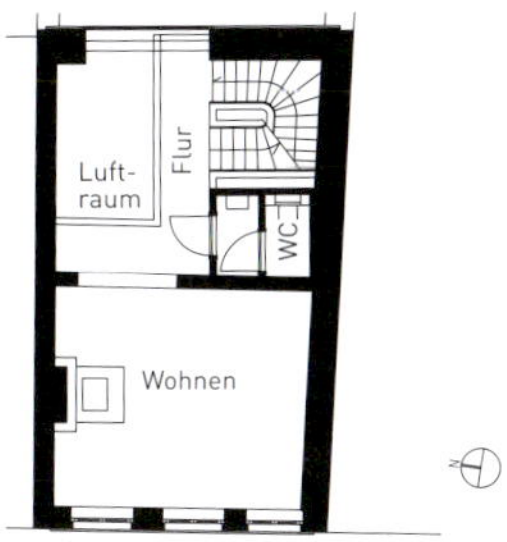

1. Obergeschoss

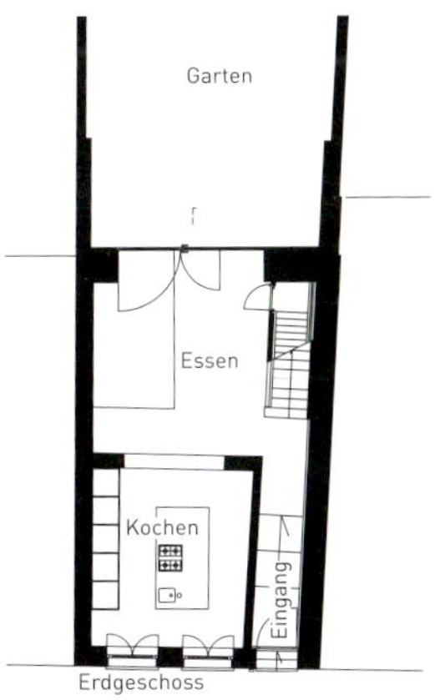

Erdgeschoss

4

GRACIA STUDIO/JORGE GRACIA, San Ysidro, Kalifornien/USA

LOW-COST-FERIENTRAUM AM STRAND

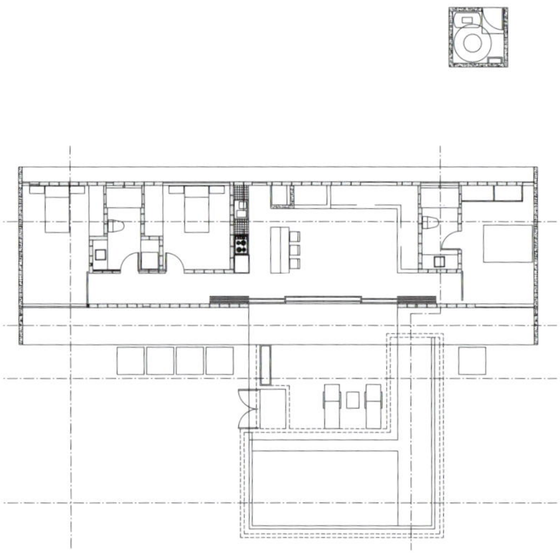

Grundriss

Meist entstehen heute in Meeresnähe eher luxuriöse als minimal gedachte Behausungen. Das in Tijuana ansässige Architekturbüro Gracia Studio ging jedoch bei seinem Ferienhausprojekt am Strand von Todos Santos unkonventionelle Wege. Unweit des Ortes, wo sich das berühmte Hotel California befindet, nur wenige 100 Meter vom Meer entfernt, entstanden zwei identische Häuser, von denen das eine zur Vermietung, das andere zur eigenen Nutzung vorgesehen ist. Da es sich um ein Low-Cost-Projekt handelte und nur lokale Arbeitskraft sowie örtliche Quellen für Bauprodukte zur Verfügung standen, mussten die konstruktiven Mittel planvoll beschränkt werden. Für Wände, Decken und Bodenplatten kam Stahlbeton zum Einsatz, der den Ton des lokalen Sandes hat (2). Das Zentrum des Hauses bildet eine dem Pool zugeordnete Wohn-, Ess- und Kochzone, deren Front komplett als Klapp-Schiebe-Element mit vorgesetztem Sonnenschutz ausgebildet ist und in geöffnetem Zustand einen freien Panoramablick auf das Meer bietet (1–4). Die Wände dieses Raums besitzen wie der Beton einen sandgelben Farbton, der bei Sonneneinstrahlung golden leuchtet. Diese fast magische Wirkung verdankt sich der Wandverkleidung aus sogenannten Talavera-Fliesen, die in Mexiko seit der Kolonialzeit weit verbreitet sind (1/3). Der minimalistische geometrische Garten besteht aus in Reihe gesetzten Agaven, die in der Baja California wild vorkommen und deren Blütenstände in vielen Jahren das Haus weit überragen werden.

WICHTIGE BAUDATEN

Bauaufgabe: Neubau zweier identischer Ferienhäuser (zur Eigennutzung und zur Vermietung)
Standort: Todos Santos, Baja California Sur/Mexiko
Bauzeitraum: 2006 (6 Monate)
Grundstücksgröße: ca. 4.650 m²
Wohnfläche je Haus: ca. 107 m² und 53 m² Terrassen
Bruttorauminhalt (BRI) je Haus: 520 m³
Bauweise: massiv (eingefärbter Ortbeton)
Energiekonzept: Scheitholzkamin im Wohnraum, Lüftungsanlage
Gesamtkosten: 175.000 US-Dollar

2

3

4

UMFELD AUSBLENDEN, ARCHITEKTUR EINBLENDEN

Ein kleines Grundstück mit eng anschließender, unattraktiver Nachbarbebauung am Stadtrand und freiem Anschluss an das offene Gelände: Diese Nachteile der Lage wurden durch das Planungskonzept völlig kompensiert. Jorge Gracia formte ein Wohnhaus aus zwei miteinander korrespondierenden Baukörpern (4/5). Die Fassadenöffnungen sind dabei so geplant, dass die Ausblicke zueinander oder in die freie Landschaft inszeniert, die Nachbarhäuser aber ausgeblendet wurden. Der Eingangsbereich kommt weitgehend ohne Fassadenöffnungen aus, der »Vorgarten« besteht aus planvoll rostenden, mit Binsen bepflanzten Stahltrögen (4). Beide Teile des Hauses sind durch einen Erschließungsteil in neutralem Sichtbeton miteinander verbunden (5), grenzen sich im Fassadenmaterial aber voneinander ab – dunkles Holz im einen Fall, helles, transluzentes Polycarbonat im anderen (4/5). Eine holzverschalte Terrasse schiebt sich schubladenartig aus dem Polycarbonat-Block heraus und stellt durch seine Oberfläche die Verbindung zum Nachbargebäude her (5). Der holzverschalte Kubus besitzt eine integrierte Loggia, die die dahinterliegenden Wohnräume vor direkter Sonneneinstrahlung schützt (5). Dem gleichen Zweck dient die Auskragung der Baukörper ab dem Obergeschoss, sie bewahrt die Büroräume im Erdgeschoss vor Überhitzung und sorgt für Luftzirkulation. Zwischen den Gebäudeteilen entstand ein kühler Atriumhof (1). Die Innenraumgestaltung ist geprägt vom spannungsvollen Kontrast aus hellen Massivholzböden und Teppichen auf der einen sowie dunklen Oberflächen des Mobiliars auf der anderen Seite (2/3).

WICHTIGE BAUDATEN

Bauaufgabe: Neubau für eine Familie mit Kindern
Standort: Tijuana, Baja California/Mexiko
Bauzeitraum: 2004 (8 Monate)
Grundstücksgröße: ca. 478 m²
Wohnfläche: ca. 430 m² zuzüglich 38 m² Terrassen
Bruttorauminhalt (BRI): 1.252 m³
Bauweise: Stahlkonstruktion mit Holzwänden
Energiekonzept: u. a. passive Lüftung
Gesamtkosten: 430.000 US-Dollar (inklusive Grundstück)

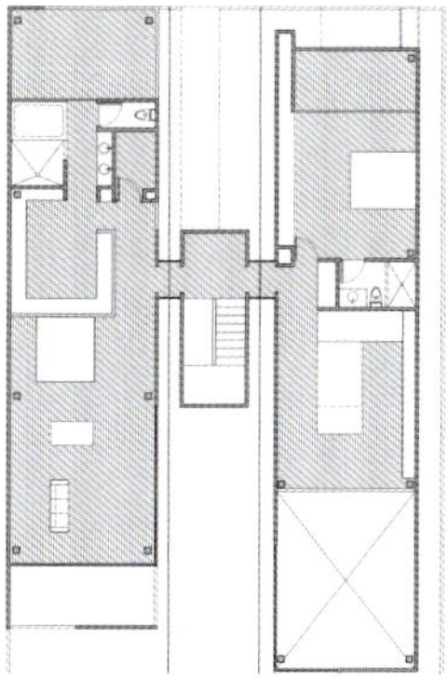
2. Obergeschoss

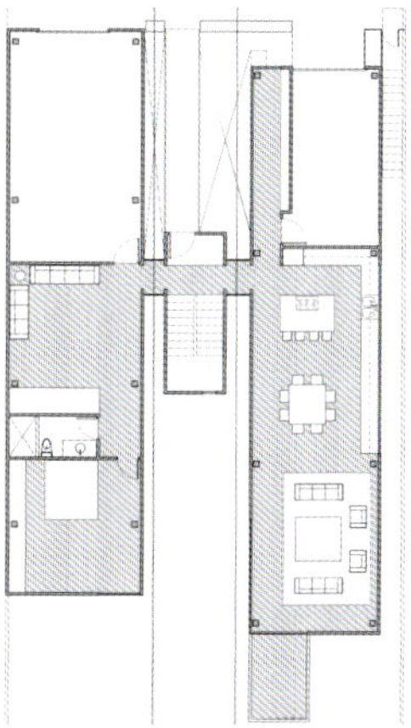
1. Obergeschoss

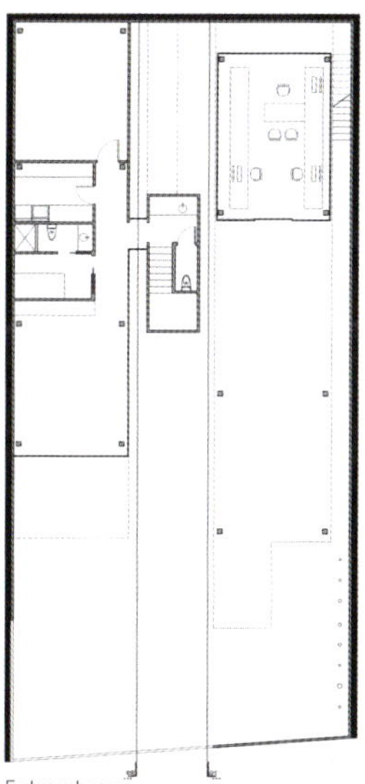
Erdgeschoss

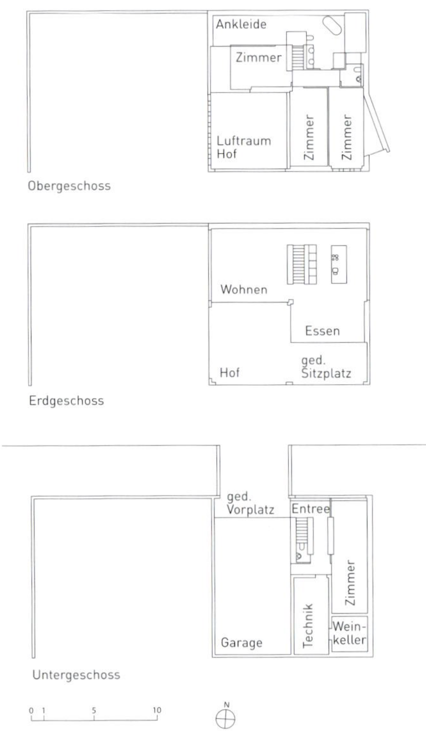

1

HERMETISCHE TRANSPARENZ IM QUADRAT

Die Begrüßung ist von seltener Klarheit und Strenge. Straßenseitig baut sich eine fast fensterlose Fassade vor dem Besucher auf. Mit seinem Zufahrts- und Eingangsbereich gleichsam in das Gelände eingegraben, wird das Gebäude von unten her erschlossen (3). Zur Wohn-, Ess- und Kochebene muss man nach oben steigen – eine gelungene Inszenierung, die auf das kommende Erlebnis vorbereitet: Bereits die schieren Abmessungen des mit einer Grundfläche von knapp 13 mal 13 Metern quadratischen Hauses sind erstaunlich, umso mehr noch der offene, hallenartige Raumeindruck im Wohngeschoss (1). Die Beziehungen zwischen Innen und Außen gewinnen durch die Sichtbetonkonstruktion, die den zweigeschossigen Hof fasst und dem Gebäude insgesamt Geschlossenheit verleiht, einen außergewöhnlich spannungsreichen Charakter (2/4). Vielfach untergliederte Durchblicke im Erdgeschoss schaffen vollkommene Durchgängigkeit und lassen die Aussicht auf die Landschaft frei, kleine quadratische Öffnungen im Obergeschoss bieten Sichtschutz zur Nachbarbebauung und lassen doch reichlich Licht hindurch (2). Bei entsprechendem Sonnenstand ergeben sich mannigfache Licht- und Schattenspiele in den Räumen, beispielsweise im Wohn- und im Arbeitsbereich, der im Obergeschoss direkt beim Atriumhof untergebracht und zu diesem hin orientiert ist (4). Hier können zusätzlich zum Schlafzimmer bei Bedarf weitere Räume geschaffen werden, ebenso ist das Haus konstruktiv auf eine mögliche Erweiterung nach Westen vorbereitet.

WICHTIGE BAUDATEN

Bauaufgabe: Neubau für ein Ehepaar
Standort: Kanton Baselland/Schweiz
Bauzeitraum: 2008–2009 (9 Monate)
Grundstücksgröße: 923 m²
Wohnfläche: 222 m² zuzüglich 92 m² Nutzfläche und 70 m² Hof/Terrassen
Bruttorauminhalt (BRI): 1.207 m³
Bauweise: massiv (Stahlbeton, innen gedämmt), Decken in vorgefertigter Holzkonstruktion
Energiekonzept: Luft-Wasser-Wärmepumpe, Solarkollektoren
Gesamtkosten brutto: ca. 1.245.000 sFr

2

3

4

AUSSICHTS-LOGE ÜBER DEM LAGO MAGGIORE

Für Schweizer ist es kein Geheimnis: Baugrundstücke am Lago Maggiore sind knapp und nicht gerade günstig. So stieß ein ortsansässiger Landbesitzer gleichsam in eine Marktlücke. Er bot das Dach einer Parkgarage mit atemberaubendem Seeblick als Bauplatz an – und fand damit das Interesse eines Ehepaars aus Zürich, das sich schon seit Längerem um eine Immobilie an seinem Sehnsuchtsort bemüht hatte. Nach Rücksprache mit dem Bruder, Architekt Jürg Haas, war die Entscheidung schnell gefallen, und bald lag ein erster Entwurf auf dem Tisch. Der Plan sah vor, die Garage einfach um einen großen Bungalow aufzustocken. Wichtigster Gedanke war es, den 180°-Panoramablick auf den See von Ascona bis Luino und die umliegenden Berge in angemessener Weise zu inszenieren (1). Bei einer insgesamt bebaubaren Grundfläche von knapp 12 mal 17 Metern galt es, mit der Wohnfläche sparsam umzugehen. Erstes Ziel der Innenarchitektur war größtmögliche Durchlässigkeit, um den Platz optimal zu nutzen und von nahezu allen Stellen durch die großen Verglasungen einen direkten Sichtbezug zum Wasser zu gewährleisten (1–4). Schiebeelemente verbinden den Innenraum mit der Aussichtsterrasse (2). Der Eingangsbereich konnte durch die Anlage eines kleinen, bis zur Grundstücksgrenze reichenden Hofs als zusätzliche intime Aufenthaltszone mit Sitzplatz und Außendusche für die Nachmittags- und Abendstunden gewonnen werden, der wiederum Zugang zu einem Sonnendeck mit Gewürzgarten bietet.

WICHTIGE BAUDATEN

Bauaufgabe: Neubau eines Ferienhauses für ein Ehepaar
Standort: am Lago Maggiore, Tessin/Schweiz
Bauzeitraum: 2007–2008 (13 Monate)
Grundstücksgröße: 550 m² (inklusive ca. 350 m² steile Böschung)
Wohnfläche: 133 m² zuzüglich 44 m² Nutzfläche und 33 m² Terrassen
Bruttorauminhalt (BRI): 880 m³
Bauweise: massiv (Backstein, gedämmt und verputzt)
Energiekonzept: Luft-Wasser-Wärmepumpe als Zentralheizung
Gesamtkosten brutto: 750.000 sFr

4

5

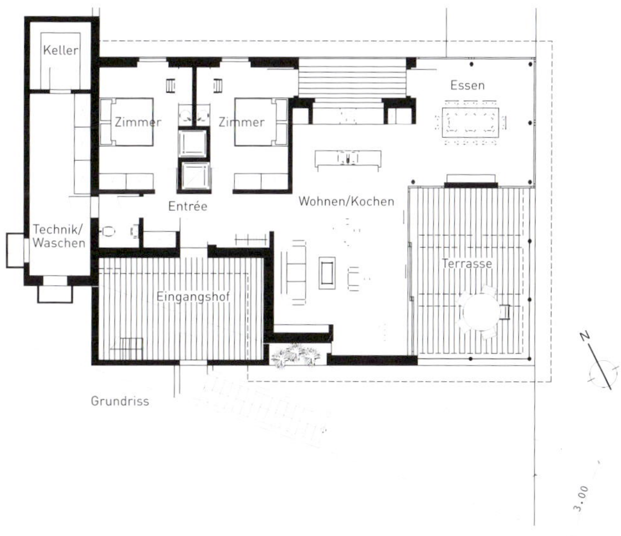

Grundriss

KUNST-WERK MIT BERLIN-BLICK

Ein alter Gewerbebau mit Klinkerfassade im Herzen von Berlin. Wohlgemerkt, in dem noch nicht »aufgehübschten« Teil der Hauptstadt. Und obendrauf ein neues Wohn- und Ateliergebäude, das perfekt hierher passt, kein Fremdkörper aus einer anderen Lebensgalaxie: Das Dach-Haus der Künstler Vera Tollmann und Christian von Borries sucht das Wohnen abseits des Gewohnten – und dies mit sichtbarem Erfolg. Mittels rauen, industriell hergestellten und zugleich günstigen Materialien entstand ein faszinierendes transluzentes Gebilde. Eine aus dem Gewerbe- und Gewächshausbau bekannte Konstruktionshülle aus Stahl und Polycarbonat-Stegplatten, ergänzt um Wände aus Porenbeton und eine aufgeblasene Folien-Dachhaut, wird zu einem leuchtturmähnlichen Körper, dessen Innenleben nach außen schemenhaft durchscheint (3/4).
Über vorgeschaltete Terrassen (2) geht es durch Metall-Kunststoff-Schiebetüren ins transparente Innere, das von allen Seiten einströmende Licht erzeugt eine perfekte Wohlfühl- und Arbeitsatmosphäre. Verschiedene Ebenen schaffen spannungsvolle Raumbeziehungen für das Leben, Kochen, Musizieren und die Kunst (1). Spannung entsteht nicht zuletzt aus dem Kontrast von ungeschliffenen Materialien und edelster Ausstattung wie dem eindrucksvollen Marmorkamin, der die Stein gewordene Langeweile manchen Berliner Neubaus zitiert und ironisch bricht (1).

WICHTIGE BAUDATEN

Bauaufgabe: Wohn- und Atelierneubau für ein Paar
Standort: Berlin
Bauzeitraum: 2009–2010 (5 Monate)
Grundstücksgröße/Dachfläche: 150 m²
Wohn- und Nutzfläche: 145 m²
Bauweise: Stahlkonstruktion, Polycarbonatplatten, Porenbeton, Folie
Energiekonzept: Anbindung an Heizsystem des Bestandsgebäudes, passive Nutzung der Solarenergie, Scheitholzkamin
Gesamtkosten: ca. 70.000 Euro

3

4

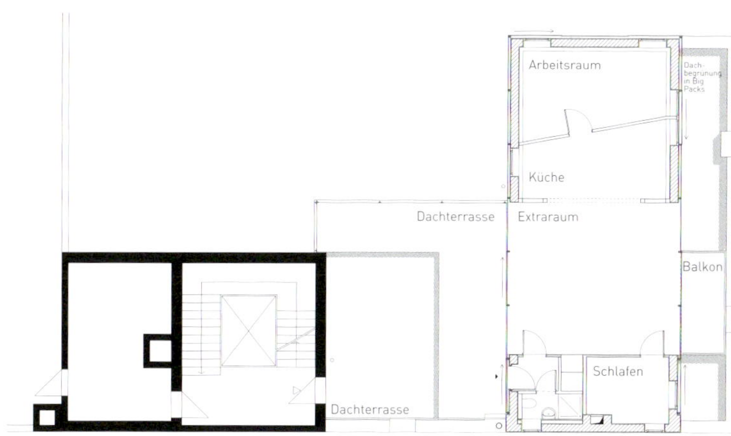

Grundriss

REFUGIUM IM KUPFERKLEID

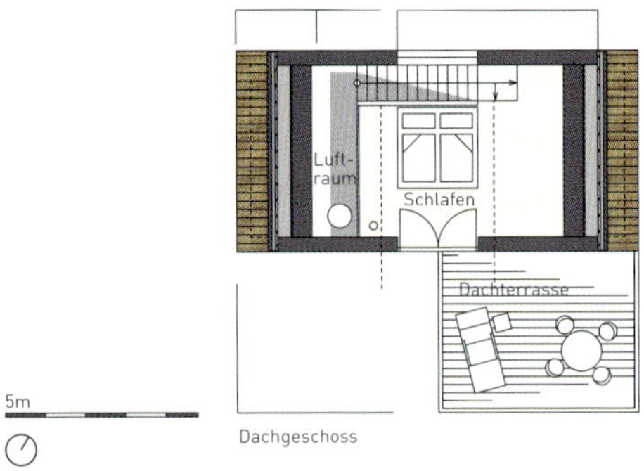

Dachgeschoss

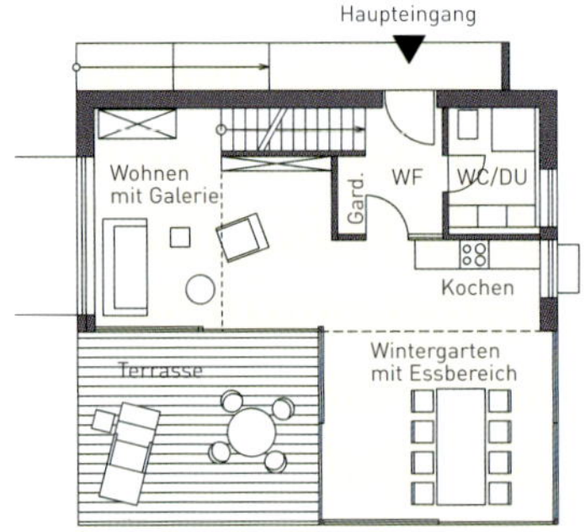

Erdgeschoss

Refugien sind Zufluchtsstätten oder Rückzugsorte. Dieses Refugium dient der Erholung von der täglichen Arbeit. Anstelle einer kleinen Holzhütte plante der Architekt Hans Hicker zusammen mit der Bauherrschaft einen kompakten Neubau mit kleinem Wintergarten in moderner Architektursprache, in dem der Blick auf den See zum Wohnerlebnis wird.
Die Annäherung wirkungsvoll inszenierend, geleitet ein betonierter Treppensteg zum Hauseingang (3). Zeitgemäß in Formensprache und Materialität, hüllt ein Kleid aus Kupfer den Hauptbau vom First bis zur Schwelle ein und lässt ihn so als metallenen Monolithen erscheinen (3/4). Die Entwässerung erfolgt direkt über das Erdreich. Die beiden Giebelseiten fügen sich mit ihren roten Fassadenplatten in die warme Farbharmonie ein, die mit dem umgebenden Grün einen wunderschönen Komplementärkontrast bildet (2). Die Konstruktion aus Dickholzplatten, Passivhausfenster und eine kontrollierte Wohnraumlüftung machen das Gebäude besonders nachhaltig.
Im Inneren überrascht ein Raumgefühl, das man dem Häuslein von außen so gar nicht zutraut. Die großen Verglasungen nach Süden machen das Gebäude optisch größer, entgrenzen den Innen- und Außenraum und rücken so Wohnraum und Landschaft nah zusammen (1/2). Im ersten Geschoss befindet sich der Schlafbereich, vor dem sich eine stegartige Terrasse zum See hin spannt. Viel Luftraum über der Sitzecke im Erdgeschoss schafft direkte Blickbezüge zwischen den Ebenen.

WICHTIGE BAUDATEN

Bauaufgabe: Neubau eines Wochenendhauses
Standort: bei Augsburg
Bauzeitraum: 2009 (4,5 Monate)
Grundstücksgröße: 2.342 m²
Wohnfläche: 92 m² zuzüglich ca. 12 m² Terrassen
Bruttorauminhalt (BRI): 454 m³
Bauweise: Massivholzbau aus Dickholzplatten/Kreuzlagenholz (gedämmt)
Energiekonzept: kontrollierte Wohnraumlüftung mit Wärmerückgewinnung, Gas-Brennwerttherme, Holzscheitofen im Wohnraum
Heizenergiebedarf/Jahr (nach EnEV): 69,8 kWh/m²
Gesamtkosten: keine Angaben

2

3

4

ALTSTADTHAUS, NEU INTERPRETIERT

1

2

Anstelle eines nicht mehr zu rettenden Häuschens im Augsburger Domviertel entstand dessen moderne Neuinterpretation. Auf kleinstem Grund wuchs ein neues Wohngebäude zum Himmel, das den Bautyp des Altstadthauses vorbildlich in die heutige Zeit übersetzt. Gleich den historischen Vorbildern nutzt das viergeschossige Gebäude in Holzbauweise den Platz der Parzelle voll aus, das steile Spitzdach nimmt die traditionelle Neigung auf (3). Die Fassadenöffnungen sind regelmäßig gesetzt, die Hülle aus Faserzementtafeln ist in dezent abgestuften Grau- und Brauntönen gehalten. Je nach Situation lassen die ebenfalls in Faserzement ausgeführten Klappschiebeläden ein unterschiedliches Bild des Gebäudes entstehen (3). Ungeachtet der beengten Lage öffnet sich das Haus zur Sonne: Nach Südwesten großflächig verglast, ist dem Wohnbereich unter Dach eine Loggia mit Sonnenterrasse vorgeschaltet (1/3). Den übrigen Ebenen sind weitere Freibereiche zugeordnet, die eine in innerstädtischen Lagen selten zu findende Wohnqualität schaffen. Auf der Terrasse im zweiten Obergeschoss befindet sich ein von Küche und Essbereich (2) gut erreichbarer Sitzplatz, darunter profitiert das Kinderzimmer von einem eigenen, überdachten Balkon und das Gäste- und Arbeitszimmer im Erdgeschoss besitzt direkten Zugang zum Garten, für den aufgrund der geschickten Gebäudeanordnung noch etwas Platz vorhanden war. Treppenhaus und Erschließungsbereiche sind zugunsten der Wohnfläche minimiert.

WICHTIGE BAUDATEN

Bauaufgabe: Neubau für eine Mutter mit Kind
Standort: Augsburg
Bauzeitraum: 2007 (6 Monate)
Grundstücksgröße: ca. 80 m²
Wohnfläche: ca. 154 m²
Bruttorauminhalt (BRI): 611 m³
Bauweise: Holzrahmenbau, gedämmt und verschalt
Energiekonzept: Gas-Brennwerttherme, Scheitholzkamin im Wohnraum
Heizenergieverbrauch/Jahr: 40 kWh/m²
Gesamtkosten: keine Angaben

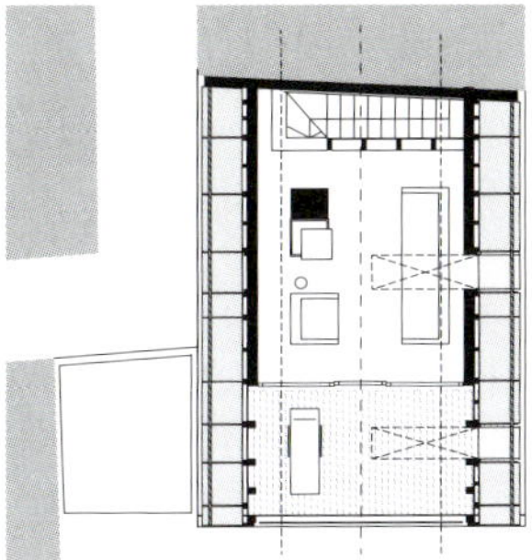

Dachgeschoss

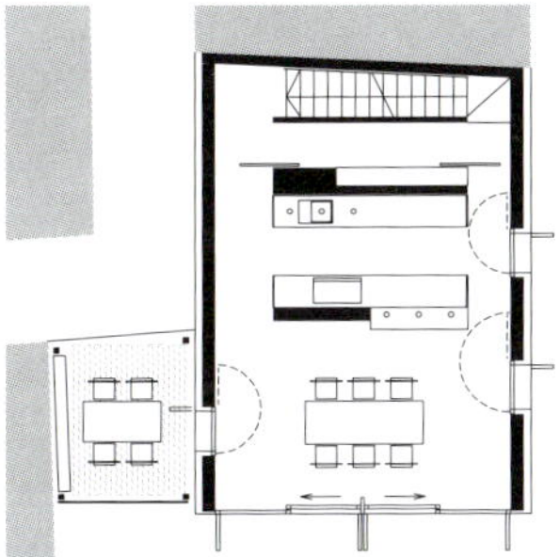

2. Obergeschoss

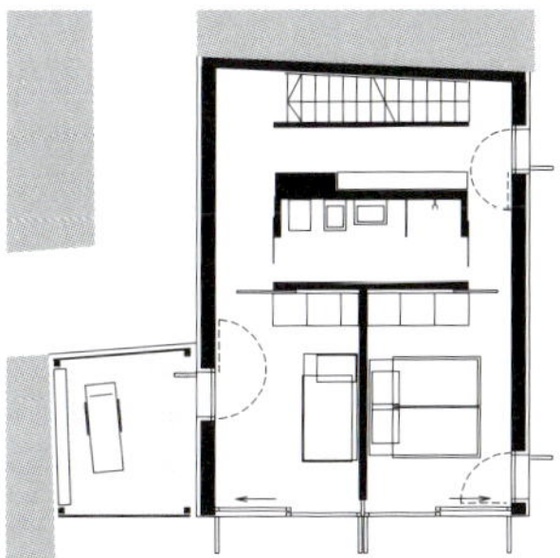

1. Obergeschoss

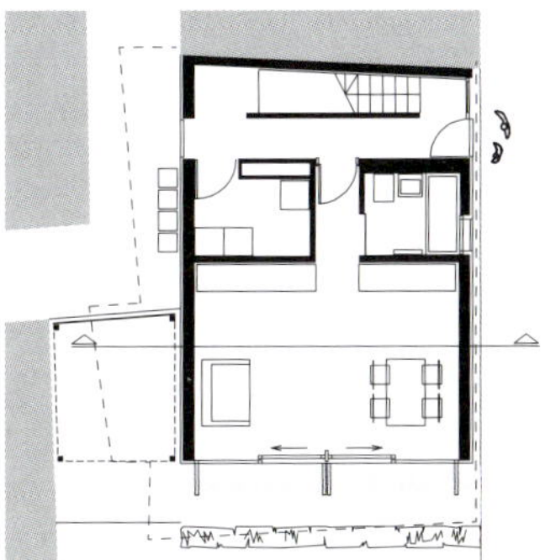

Erdgeschoss

3

Arbeitsgemeinschaft
RAINER HOFFMANN ARCHITEKT, München, und
PETER FAKLER ARCHITEKT, Kempten

1

2

3

ZWEI WOHNGESCHOSSE MIT LICHTER GROSSZÜGIGKEIT

Selten sind Wohngebäude, die hohe architektonische Qualität besitzen und sich dem Umfeld doch nicht aufdrängen. Das von den Architekten Rainer Hoffmann und Peter Fakler geplante Satteldachhaus bei Kempten ist ein solches Vorzeigeprojekt. An einem Hang in einem neuen Siedlungsbereich gelegen, nutzt das Haus die vorhandene Topografie geschickt aus und bettet die Architektur in die Landschaft ein. Beide Geschosse können von den jeweiligen Geländeniveaus aus ebenerdig betreten werden und sind im Inneren durch eine gerade Treppe verbunden. Unten befinden sich Eingang und Kindergeschoss, oben der – wunderbar durchgängig konzipierte – gemeinsame Wohn-, Ess- und Kochbereich (1/2) sowie der Elterntrakt. Beide Ebenen öffnen sich zur Sonne und zur Allgäuer Landschaft, was die Wohnfläche von insgesamt 155 Quadratmetern ein ganzes Stück größer wirken lässt. (2/4) Das weit vorgezogene Dach schützt den langgestreckten Balkon, dieser wiederum die Kinderzimmer vor Wind, Wetter und sommerlicher Überhitzung (4). Vom Wohnzimmer direkt zugänglich ist eine Terrasse, die auf dem Dach der Garage entstanden ist und doch als natürlicher Teil des Geländes erscheint (3). Die drei Kinder haben vor ihren Zimmern eigene Hängematten-Liegeplätze, die Gelegenheit zur geschützten Entspannung oder zum konzentrierten Lernen bieten (4).
Ohne Schnörkel geplant und doch angenehm wohnlich, kostengünstig, energieeffizient und dazu perfekt in das Gelände eingefügt – mehr kann man von einem zeitgemäßen Familienwohnhaus nicht erwarten.

WICHTIGE BAUDATEN

Bauaufgabe: Neubau für eine Familie mit drei Kindern
Standort: bei Kempten, Bayern
Bauzeitraum: 2008 (8 Monate)
Grundstücksgröße: 595 m^2
Wohnnutzfläche: 155 m^2
Bruttorauminhalt (BRI): 522 m^3
Bauweise: Holz-Leichtbau (Pfosten-Riegel-Konstruktion), holzverschalt bzw. verputzt
Energiekonzept: Gas-Brennwerttherme, passive Nutzung der Solarenergie
Heizenergiebedarf/Jahr (nach EnEV): 60 kWh/m^2
Gesamtkosten: unter 225.000 Euro (ohne Garage und Gartenanlage)

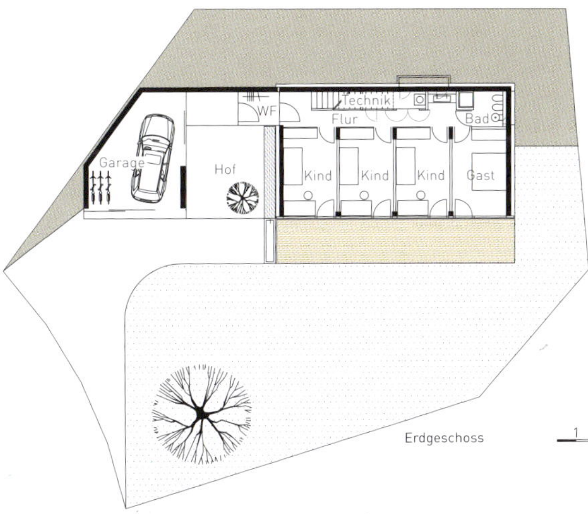

Erdgeschoss

1 2 5m

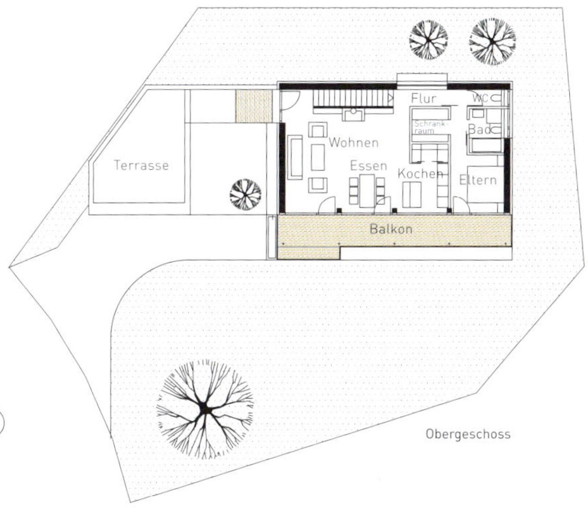

Obergeschoss

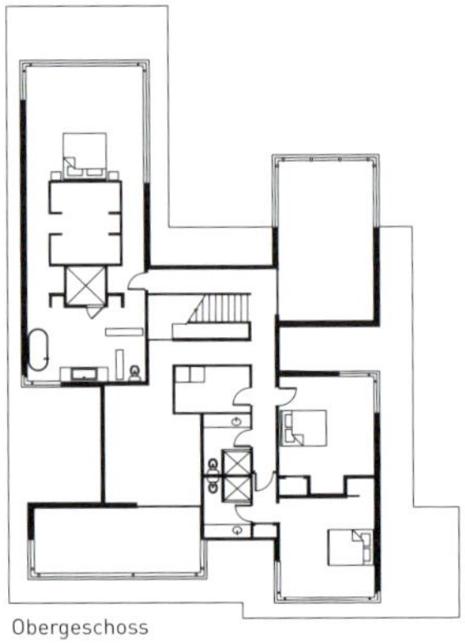

Obergeschoss

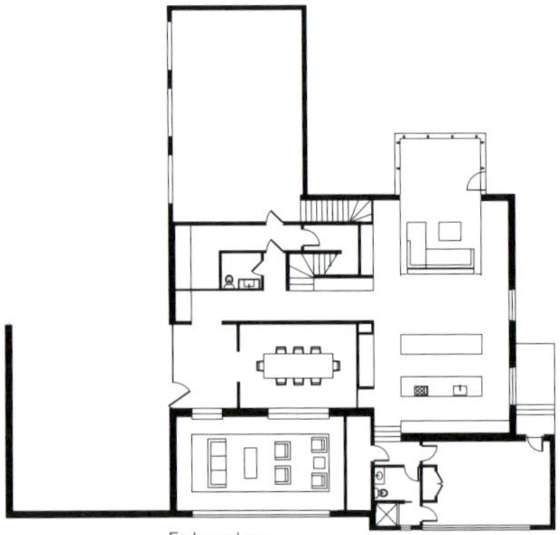

Erdgeschoss

1

SCHWARZ UND WEISS

Am Anfang war ein alter Kern. Die Mauern des bestehenden eingeschossigen Anwesens wurden in die Neuplanung einbezogen, gestalterisch aber komplett überformt. Nichts Geringeres als die Akropolis zitierend, ragen vier schwarz gerahmte Glaskästen gleich deren vier Bauten Parthenon, Propyläen, Niketempel und Erechtheion aus leuchtend weißen, verputzten Sockeln heraus (1/2). Ein schwarzer Kern erschließt und verbindet die Teile des Hauses (2). Der Zweiklang der Farben gab dem Gebäude auch seinen Namen, »BlackWhite Residence«. Die Glaskästen kontrastieren nicht nur farblich, sondern auch hinsichtlich ihrer Transparenz wirkungsvoll mit dem massiven Unterbau. Am Abend, wenn die Glasbauten bei aktivierter Innenbeleuchtung zu Leuchtkörpern werden, kommt dieses architektonische Stilmittel besonders gut zum Tragen (1). Die transparenten Boxen sind aber nicht nur Teil einer baulichen Inszenierung, sondern strukturieren auch das Gebäude. Wohn- und Essbereich haben ebenso wie der Familienwohnraum freie Sicht in die Baumkronen und in den Himmel (4). Zugunsten des Luftraums und der hallenartig inszenierten Lichthöfe (3/4) fiel die Wohnfläche im Obergeschoss etwas kleiner aus, bietet mit vier Schlafzimmern (5) und mehreren Bädern aber immer noch reichlich Platz. In die Außenmauern eingeschnittene Öffnungen rahmen die Landschaft in genau definierten Ausschnitten. Zur Straße hin betonen senkrechte, schmale Glasbänder die Strukturen der umstehenden Baumstämme und blenden zugleich die vorbeifahrenden Autos aus.

WICHTIGE BAUDATEN

Bauaufgabe: Neubau für eine Familie mit zwei Kindern unter Verwendung bestehender Mauern
Standort: Maryland/USA
Bauzeitraum: 2005–2006 (14 Monate)
Grundstücksgröße: ca. 3.050 m²
Wohnfläche: ca. 450 m²
Bruttorauminhalt (BRI): 1.725 m³
Bauweise: massiv und Stahl-Glas-Konstruktion
Gesamtkosten: keine Angaben

2

3

4

5

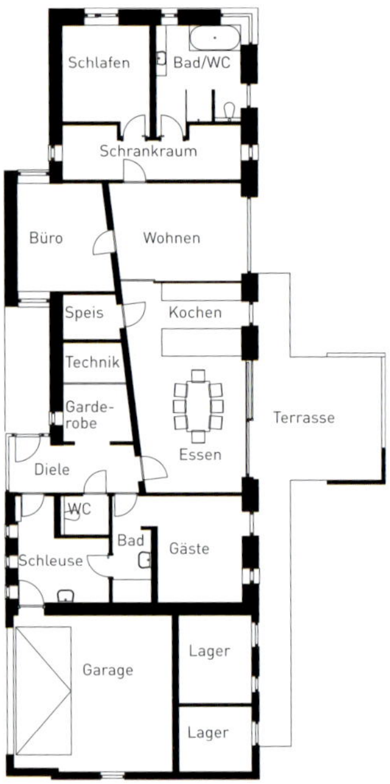

Grundriss

LANGHAUS ZWISCHEN TRADITION UND MODERNE

Bauen hat immer eine regionale Komponente. Die leider vorherrschende Ignoranz gegenüber architektonischer Qualität lässt jedoch viele Häuser entstehen, die gerade in ländlichem Umfeld wie Fremdkörper wirken. Ganz anders das von Ernst Michael Jordan entworfene Wohnhaus im niederösterreichischen Mostviertel, das sich durch traditionelle Bauformen der Region und den nicht mehr sanierungsfähigen Vorgängerbau auf dem Grundstück inspirieren ließ. Bauliches Erbe wie das Spitzdach mit steiler Neigung, Tonziegel-Deckung und feinem Dachrand, das Prinzip der Einfirstanlage und der überwiegende Einsatz natürlicher Materialien paaren sich auf fruchtbare Weise mit moderner energetischer Effizienz und zeitgemäßer Architektursprache. Dazu gehören der durch braune Fassadenplatten abgesetzte Eingangsvorbau (3), die Dimensionierung der Fassadenöffnungen, der Verzicht auf einen Dachüberstand und die geradlinige Form der Ziegel. Das Satteldach konnte völlig geschlossen ausgeführt werden, da alle Räume des barrierefreien Gebäudes auf einer Ebene zusammengefasst sind und ausschließlich über Fenster in den Wänden belichtet werden (1/2). Die großen Verglasungen bei der südseitigen Terrasse sammeln im Winter Sonnenwärme; im Sommer schützen die dicht belaubten Kronen der alten Apfelbäume vor Hitze und tragen nicht zuletzt dazu bei, den Geist des Ortes zu bewahren (4).
Bereits kurz nach Fertigstellung wurde das Einfamilienhaus mit mehreren Auszeichnungen bedacht, unter anderem mit dem Niederösterreichischen Baupreis 2009.

WICHTIGE BAUDATEN

Bauaufgabe: Neubau für ein Ehepaar
Standort: Mostviertel/Österreich
Bauzeitraum: 2008–2009 (11 Monate)
Grundstücksgröße: ca. 2.700 m²
Wohnnutzfläche: 164 m² zuzüglich 39 m² Terrassen
Bruttorauminhalt (BRI): 1.500 m³
Bauweise: Holzriegelkonstruktion (mit Zellulosedämmung), Kern massiv (Ziegelmauerwerk)
Energiekonzept: Erdwärmepumpe, kontrollierte Be- und Entlüftung mit Wärmerückgewinnung
Heizenergiebedarf/Jahr (nach OIB): 32 kWh/m²
Gesamtkosten: keine Angaben

2

3

4

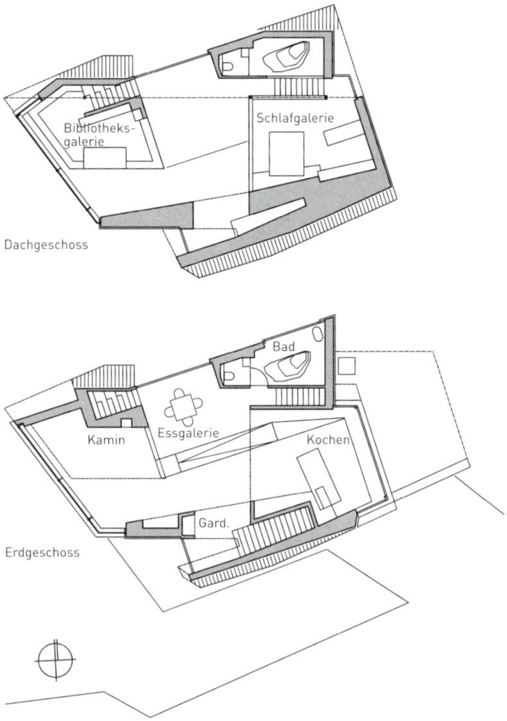

1

DYNAMIK UND NATURALISMUS

Der Geist des Ortes lieferte für Irmgart Kösters und Kai Korth die Grundlage für die Planung ihres Wohn- und Bürohauses. Unterhalb einer Burg an einem alten Rittersteig gelegen, bot das steile Grundstück mit einer Höhendifferenz von 18 Metern beste Bedingungen für planerische Kreativität. Die Außenhülle hat sich den Habitus einer vor Ort noch vorkommenden Fledermausart zum Vorbild genommen. Die großflächig verglaste Südwestseite ist dem Gesicht eines schlafenden Tiers nachempfunden, das Dach symbolisiert die gefalteten Flügel, unter denen die lichte Wohnhalle geborgen ist (2). In der Spitze bis zu 5,50 Meter hoch, vereint der praktisch ohne Zwischenwände auskommende Raum Wohnen, Essen und Kochen und verbindet die Ebenen (3). Durch die Faltung der Außenwände und des Einbaumobiliars wurden innerhalb des Raumgebildes Rückzugsbereiche geschaffen, Türen fehlen in diesem Haus – abgesehen von Eingangs-, Toiletten- und Technikraum. Der Verlauf des Geländes wird im Inneren für die Anlage von drei Treppen sowie eine praktische Holzrampe zwischen Ess- und Kochzone genutzt. Galerien fürs Schlafen und fürs Lesen sind den direkten Blicken vom Wohnraum aus entzogen (3/4). Dass das Haus fest im Terrain verankert ist, versinnbildlicht ein als Duschtrennwand eingesetzter Felsen im Bad, bei geöffneter Schiebetüre entsteht eine Dusche unter freiem Himmel (1). Weiß und komplett verglast, bildet das Architekturbüro im Untergeschoss gleichsam den Sockel für die Fledermaus-Skulptur (2).

WICHTIGE BAUDATEN

Bauaufgabe: Neubau für ein Ehepaar
Standort: Bovenden, Niedersachsen
Bauzeitraum: 2009–2010 (6 Monate)
Grundstücksgröße: ca. 1.350 m²
Wohn- und Bürofläche: 220 m² zuzüglich 25 m² Nutzfläche (Garage) und 50 m² Terrassen
Bruttorauminhalt (BRI): 1.032 m³
Bauweise: massiv (Ziegelmauerwerk, gedämmt und Sichtbeton), teils Stahlrahmen-Konstruktion, Großteil der Außenwände und Dach Holzkonstruktion
Energiekonzept: Holzscheitkamin im Wohnraum, Gas-Brennwerttherme, Solarkollektoren
Heizenergiebedarf/Jahr (nach EnEV): 38 kWh/m²
Gesamtkosten brutto: 350.000 Euro

2

3

4

EINE WOHNJACHT MIT GROSSZÜGIGEM AMBIENTE

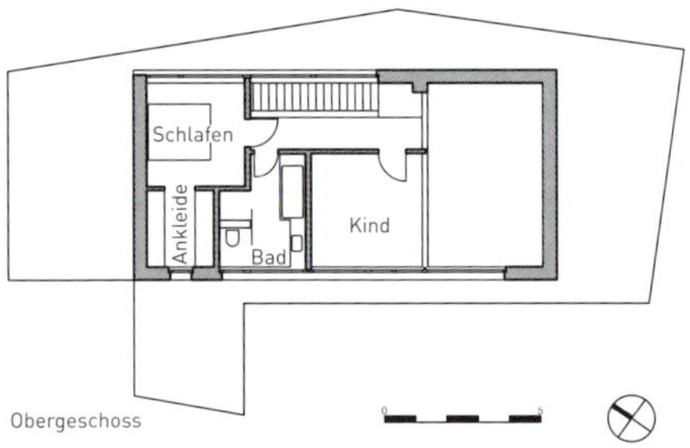

Obergeschoss

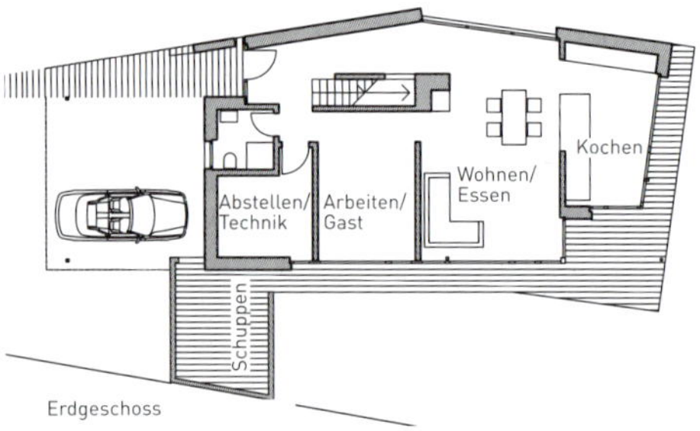

Erdgeschoss

Dieses Haus in einer niedersächsischen Kleinstadt ähnelt optisch einer Luxusjacht, bietet jedoch deutlich mehr räumliche Qualität als die meisten seiner schwimmenden Pendants. Dynamik ergibt sich aus dem schlanken Rumpf mit der noch schmäleren »Brücke« – dem Obergeschoss –, den klaren Linien und den filigranen, ausgreifenden Vordächern, aber auch den schräg gestellten Stützen des Carports. Weitere Insignien der Schiffsarchitektur sind die weiße Farbe, die Holzplanken auf der Terrasse und der langgezogene Eingangssteg (1/2).
Entstanden ist hier ein rundum überzeugendes architektonisches Ganzes mit keineswegs beengten, sondern – angesichts der Wohnfläche von nur 132 Quadratmetern – sogar erstaunlich großzügig wirkenden Innenräumen. Diese werden durch weite Blickbeziehungen vom Eingang bis in die Küche und auch zwischen den Geschossen zusätzlich aufgewertet (3–5), perfekt gesetzte Glasflächen lassen den Blick weit schweifen und holen Licht herein (2/3). Im Obergeschoss mit Kinder- und Elternschlafzimmer ergibt sich durch einen großen Wandausschnitt eine Art interner Balkon, der den Blick hinunter in den offenen Wohn-, Ess- und Kochbereich ermöglicht (3). Zwischenwände wurden auf das notwendige Minimum beschränkt, Innentüren im Erdgeschoss sogar komplett weggelassen (3/5). Aufbewahrungsmöglichkeiten wie Garderobe und Stauräume entstanden in dem nicht unterkellerten Haus unter der Treppe, Gartengeräte und andere Utensilien werden in einem Gartenschuppen gelagert.

1

WICHTIGE BAUDATEN

Bauaufgabe: Neubau für eine dreiköpfige Familie
Standort: Niedersachsen
Bauzeitraum: 2009 (6 Monate)
Grundstücksgröße: 584 m²
Wohn- und Nutzfläche: 132 m² zuzüglich 12 m² Schuppen
Bruttorauminhalt (BRI): 554 m³ (ohne Carport)
Bauweise: Ziegelmauerwerk, gedämmt und verputzt
Energiekonzept: Gas-Brennwerttherme, Solarkollektoren, passive Nutzung der Solarenergie
Heizenergiebedarf/Jahr (nach EnEV): 56 kWh/m²
Gesamtkosten: 187.000 Euro (einschließlich Carport und Terrasse, ohne Garage, Pflasterarbeiten und Gartenanlage)

2

3

4

5

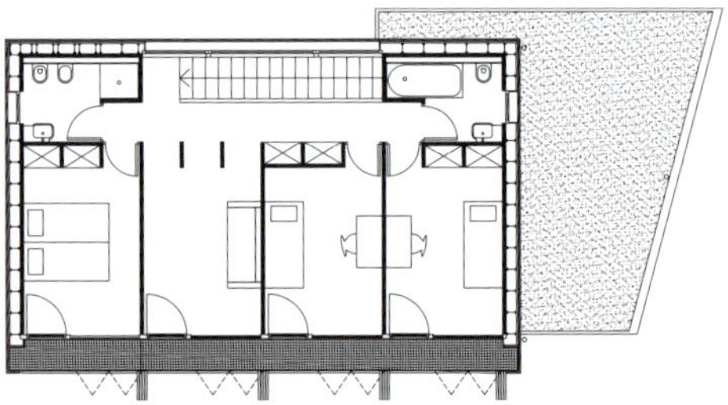

Obergeschoss

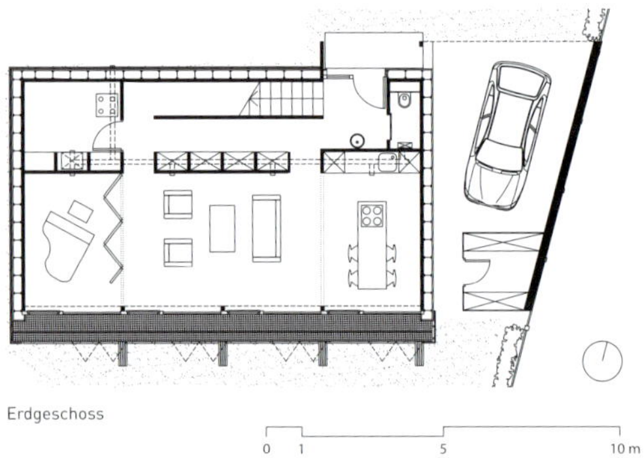

Erdgeschoss

ESPRIT TRIFFT INNOVATION

In einer kleinen, mittelalterlich geprägten Stadt nordwestlich von Paris planten Mischa Witzmann und Milena Karanesheva ein Spitzdachhaus im Bambuskleid – gleichzeitig das erste Passivwohnhaus in der Region Île-de-France, mit äußerst geringen Verbrauchswerten!
Dachform und -neigung orientieren sich an der regionalen Bautradition, im Übrigen wurden kreativ neue Wege beschritten. Die vor Sonne schützende Hülle aus Bambusstäben, sonst fast nur in der asiatischen Architektur zu finden, zieht sich über alle Seiten des Hauses und schließt auch das Dach mit ein – lediglich abgesehen von der Fläche mit den großen Solarpaneelen (1/2). Nach Süden kann die filigrane organische Haut mittels Klappschiebeläden ganz oder teilweise geöffnet werden, sodass beide voll verglasten Ebenen reichlich Sonnenwärme einfangen können (2). Die Bambusfassade und auch die Stahlgitterroste, die den Bodenbelag des Balkons bilden, verleihen optische Leichtigkeit, filtern die Sonne und projizieren lebendige Ornamente in die Innenräume (5). Die Grundkonstruktion aus unbehandelten Holz-Mehrschichtplatten, teils durch runde Guckfenster durchbrochen, ist nach innen sichtbar belassen (3/4), eine ökologische Dämmung aus Zellulose und Holzweichfaser und wohngesunde Farben sorgen für höchste Nachhaltigkeit. Eine Konstruktions-Spange, die den nördlichen Teil mit untergeordneten Funktionen vom südlichen Wohnteil im Verhältnis 1:2 trennt, nimmt auch die teils sichtbar geführten Leitungsbahnen auf.

WICHTIGE BAUDATEN

Bauaufgabe: Neubau für eine Familie mit zwei Kindern
Standort: bei Paris/Frankreich
Bauzeitraum: 2008–2009 (12 Monate)
Grundstücksgröße: ca. 596 m²
Wohnfläche: 161 m² zuzüglich 26 m² Terrassen und 8 m² Balkon
Bruttorauminhalt (BRI): 628 m³
Bauweise: Holzkonstruktion mit ökologischer Dämmung aus Zellulose und Holzweichfaser
Energiekonzept: passive Nutzung der Solarenergie, Kompakt-Wärmepumpe, Solarkollektoren, Photovoltaik, automatische Be- und Entlüftung
Heizenergiebedarf/Jahr (nach PHPP): 11 kWh/m²
Gesamtkosten: ca. 290.000 Euro

2

3

4

5

ZUM INNENHOF, ZUM LICHT

In einer grünen Siedlungsgegend bei Paris planten Milena Karanesheva und Mischa Witzmann ein großenteils vorgefertigtes Wohnhaus aus Holz, das virtuos mit den Gegebenheiten der Lage spielt. Die Gliederung des Baukörpers mit der charakteristischen L-Form (2/3), die das Haus gegen die Autobahn abschirmt, ließ einen ruhigen Aufenthaltsplatz mit intimer Atmosphäre entstehen. Der Innenhof wendet sich, nach Süden und Westen ausgerichtet, nicht nur von der nordseits bestehenden Lärmquelle ab, sondern auch der Sonne und der Natur zu und avancierte bei den Bewohnern schnell zum bevorzugten Aufenthaltsplatz im Freien (3). Die großen Verglasungen, die Licht und Wärme sammeln, orientieren sich alle zum Atrium und zur Terrasse (3), während sich die übrigen Außenwände sehr »zugeknöpft« geben und nur die notwendigsten Fassadenöffnungen aufweisen (1/2). Die nördliche Eingangsfassade ist aber wirkungsvoll durch mit Douglasienholz verschalte Partien aufgelockert, Fenster und Eingangstür sind im gleichen Material ausgeführt (1/2). Das Raumprogramm entwickelt sich im Erdgeschoss vom nordseitigen Eingangsbereich mit Lagerraum und WC sowie Essküche zum südlich anschließenden Wohnraum mit großer Esstafel sowie dem Gäste- und Arbeitszimmer. Den ersten Stock teilen sich Kinder und Eltern mit jeweils eigenem Bad, der Luftraum über dem großen Esstisch verbindet die beiden Wohnebenen. Das grau abgesetzte, schwebend wirkende Erdgeschoss wurde auf einheitlichem Niveau angelegt, um das Haus für spätere Lebensphasen der Bewohner vorzubereiten.

1

2

WICHTIGE BAUDATEN

Bauaufgabe: Neubau für eine Familie mit zwei Kindern
Standort: bei Paris/Frankreich
Bauzeitraum: 2008–2009 (12 Monate)
Grundstücksgröße: ca. 804 m²
Wohnfläche: 156 m² zuzüglich 33 m² Terrassen
Bruttorauminhalt (BRI): 618 m³
Bauweise: Holztafelbauweise
Gesamtkosten: 242.000 Euro

3

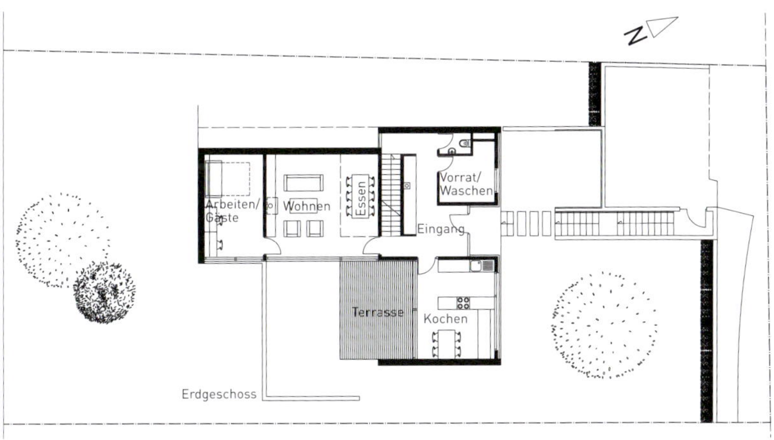
Arbeiten/
Gäste
Wohnen
Essen
Vorrat/
Waschen
Eingang
Terrasse
Kochen
Erdgeschoss

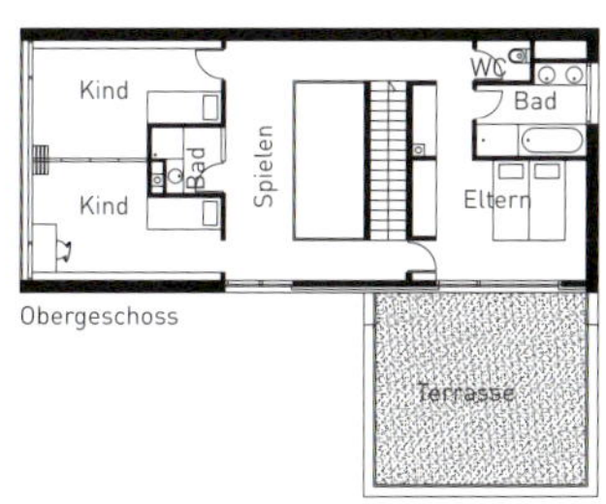
Kind
Kind
Bad
Spielen
WC
Bad
Eltern
Terrasse
Obergeschoss

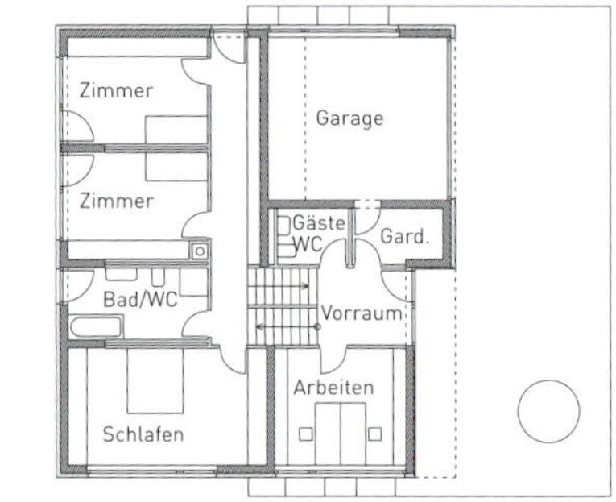

Schlaf- und Eingangsebene

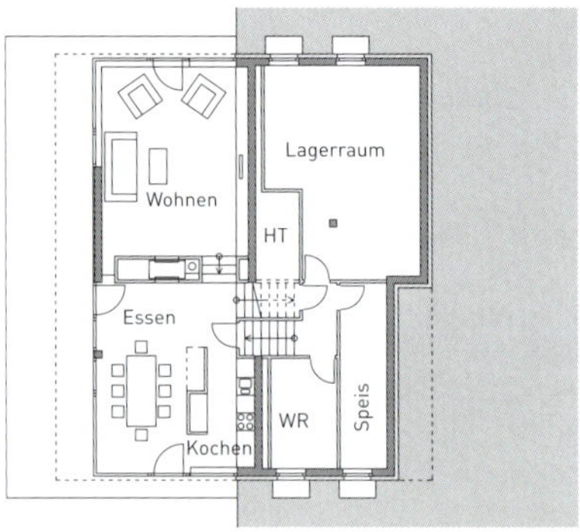

Wohn- und Kellerebene

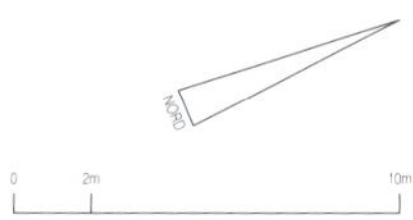

SPITZES DACH, KLARE FORM

Es ist nicht einfach, Satteldachhäuser mit einer stimmigen Form und frischen neuen Details zu entwerfen. Dass dies dennoch – zudem unter Maßgabe eines sehr weit gehenden Bebauungsplans – perfekt gelingen kann, ohne dass das Ergebnis nach Gimmick-Architektur aussieht, bewies der steirische Architekt Andreas Karl mit diesem Einfamilienhaus. Die wie gesägt wirkende, klare Form mit grauer Hülle bildet einen Monolithen, der aber durchaus freundlich und einladend daherkommt (2–4).
Wohltuend einfach gestaltet, ist der Eingang ein vielversprechender Auftakt (3). Beim Weg ums Haus herum fällt das Gelände ab, die Böschung ist nach Osten wie Westen mit dreieckigen Fenstern markiert, die auch im Inneren als expressive Gestaltungselemente der klar gehaltenen Wohnräume dienen (1/3/4). Die gläsernen Dreiecke werden durch die beiden Nurglasecken im Südosten und Südwesten fortgeführt, die ihrerseits eine enge Beziehung zum grünen Umfeld eingehen und darüber hinaus die winterliche Erwärmung der Räume durch die tiefstehenden Sonnenstrahlen begünstigen (2). Der Grundriss wurde ganz auf die Bedürfnisse einer vierköpfigen Familie zugeschnitten, das Raumgefüge auf spannende Weise in vier Ebenen mit unterschiedlichsten Höhen aufgeteilt: die nördliche Eingangsebene mit untergeordneten Funktionen und Arbeitszimmer, darunter der Keller und der Wohn-, Ess- und Kochbereich im Süden (1) sowie darüber die Kinder- und Schlafebene.

WICHTIGE BAUDATEN

Bauaufgabe: Neubau für eine Familie mit Kindern
Standort: Steiermark/Österreich
Bauzeitraum: 2007 (7 Monate)
Grundstücksgröße: 1.000 m²
Wohnnutzfläche: 179 m² zuzüglich 49 m² Terrasse
Bruttorauminhalt (BRI): 1.118 m³
Bauweise: massiv (Ortbeton, gedämmt)
Energiekonzept: Fernwärmenutzung
Heizenergiebedarf/Jahr: 61 kWh/m²
Gesamtkosten: 305.000 Euro

2

3

4

ÖKOLOGISCHES SONNENHAUS MIT KLARER FASSADE

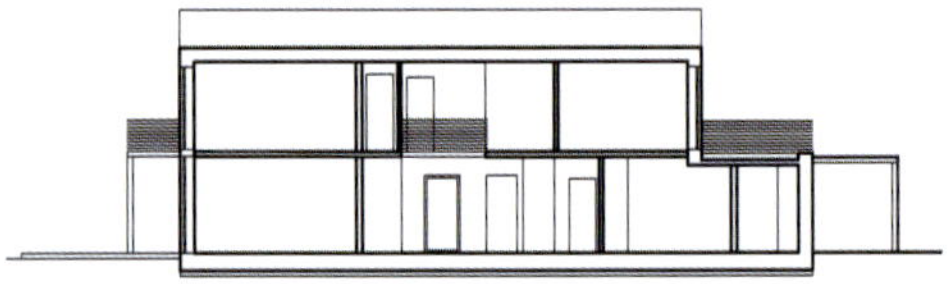

Schnitt

1

2

Die Sonne spielt bei Energiesparhäusern in aller Regel eine wichtige Rolle. Nicht nur ihre aktive Nutzung zur Stromerzeugung, wie bei diesem Passivhaus, oder zur Warmwasserbereitung und Heizungsunterstützung sind für das Erreichen bester Kennwerte von Bedeutung, sondern auch die passiven Wärmegewinne über die Glasscheiben. Letzteres war bei diesem extrem schmallänglichen Grundstück schwierig zu bewerkstelligen, zumal die schmale Giebelseite nach Süden zeigte. Darum entschloss sich der Architekt Tobias Klodwig, die Sonnenseite so großflächig zu verglasen wie nur möglich. Das Ergebnis ist so überzeugend, dass die südliche Fassade zum architektonischen Blickfang des Hauses wurde (3). Konstruktiven Überhitzungs- und Witterungsschutz gewährt der über die gesamte Fensterbreite laufende Balkon. Die klaren geometrischen Dreiecks- und Rechtecks-Formen werden durch die weißen Wände und die anthrazitfarbenen Fensterrahmen noch akzentuiert, ein geometrisch angelegter Garten mit Kugelrahorn und die vorgelagerte Freitreppe bilden das passende Umfeld (3). Innen ist das Haus sehr einladend und hell, zusätzliches Licht kommt über die zweigeschossige Verglasung der Eingangshalle sowie eine große Fensterfläche beim Essplatz herein (1/2). Hinter dem Haus beginnt ein Naturgarten mit Bach und altem Baumbestand – und auch die für das Gebäude verwendeten Materialien wie Schafwolle und Strohbauplatten zeigen Sinn für Ökologie und Nachhaltigkeit.

WICHTIGE BAUDATEN

Bauaufgabe: Neubau für eine Familie mit drei Kindern
Standort: Celle, Niedersachsen
Bauzeitraum: 2004–2005 (8 Monate)
Grundstücksgröße: ca. 780 m²
Wohn- und Nutzfläche: 210 m² zuzüglich 30 m² Terrassen
Bruttorauminhalt (BRI): 748 m³
Bauweise: Holzrahmenkonstruktion, gedämmt und verputzt
Energiekonzept: passive Solarenergienutzung, kontrollierte Be- und Entlüftung mit Wärmerückgewinnung, Photovoltaik
Heizenergiebedarf/Jahr (nach PHPP): 15 kWh/m² (zertifiziertes Passivhaus)
Gesamtkosten: 330.000 Euro

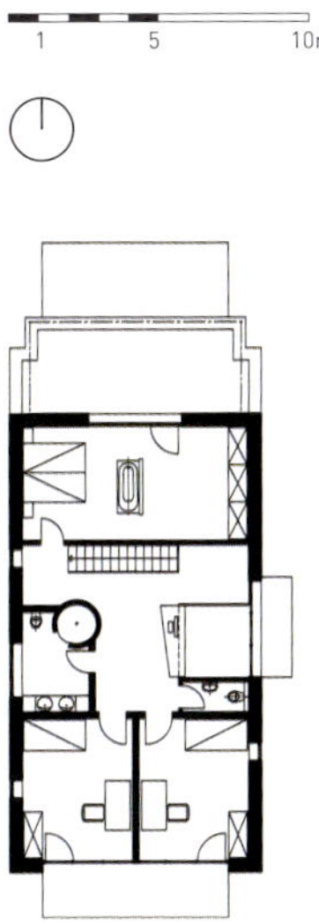

Obergeschoss

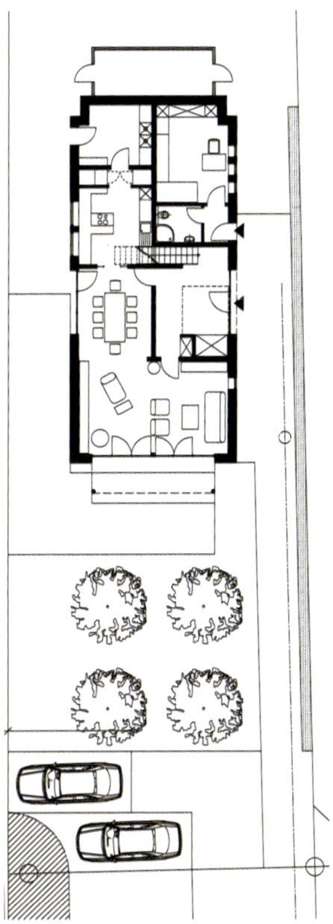
Erdgeschoss

1

3

BAUERNHAUS 2010

Neue Wohnhäuser auf landwirtschaftlichen Hofstellen fallen oft deutlich unansehnlicher aus als die alten Gebäude. Im Fall eines Obstbaubetriebs am Bodensee ist das Gegenteil der Fall: Ein modernes, eingeschossiges Wohnhaus mit Pultdach zeigt, wie ländliche Wohnarchitektur im Jahr 2010 auch aussehen kann. Südlich abgesetzt vom Wirtschaftsgebäude, über dessen Holzheizung Wärme bezogen wird, scheint der Bungalow über dem Terrain zu schweben (1/4). Dieser Eindruck entsteht durch eine leichte Anhebung des Erdgeschosses und der schwellenlos anschließenden Terrasse vom Gartenniveau. Da ausreichend Platz zur Verfügung stand, konnten sämtliche Räume auf einer Ebene untergebracht werden. Die lange Gartenfassade mit dem südwestlichen Wohn-, Ess- und Kochbereich (2/3), den beiden Kinderzimmern, einem »Puffer«-Büro sowie dem Elternschlafzimmer im Südosten genießt durch die deckenhohen Verglasungen beste Ausblicke, optimale Helligkeit und ermöglicht passive Sonnenwärmenutzung (4). Die von Westen bis Osten umlaufende, vom Pultdach geschützte und direkt zugängliche Terrasse bietet allen Räumen einen unmittelbaren Freiluftbereich (1/3/4). Auf der Nordseite sind außer dem unter das Dach eingezogenen Eingang das Gästezimmer, Bäder, Toilette und Hauswirtschaftsraum angeordnet, der mit seinem separaten Zugang gleichzeitig als Schmutzschleuse dient. Die Holzleistenschalung aus Lärche stülpt sich von der Nordfassade in den Eingang und bezieht auch alle Decken mit ein (2/3).

WICHTIGE BAUDATEN

Bauaufgabe: Neubau für eine Familie mit zwei Kindern
Standort: am Bodensee
Bauzeitraum: 2008–2010
Grundstücksgröße: ca. 1.100 m²
Wohnnutzfläche: 174 m² zuzüglich 130 m² Terrassen
Bruttorauminhalt (BRI): 840 m³
Bauweise: Holzriegelkonstruktion
Energiekonzept: Fernwärme und Photovoltaik (Holzscheitheizung sowie Solarpaneele im/am benachbarten Wirtschaftsgebäude), Holzscheitkamin im Wohnraum
Heizenergiebedarf/Jahr: 34 kWh/m²
Gesamtkosten: keine Angaben

4

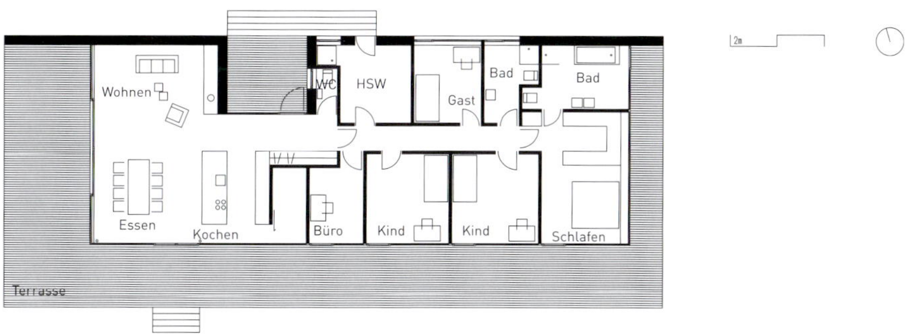

Wohnen
WC
HSW
Gast
Bad
Bad
Essen
Kochen
Büro
Kind
Kind
Schlafen
Terrasse
2m

Grundriss

MARCIO KOGAN/STUDIOMK27,
São Paulo/Brasilien
Projektleitung Architektur: Diana Radomysler
Projektleitung Innenarchitektur:
Diana Radomysler, Mariana Simas

1

2

3

LEBEN ZWISCHEN DRINNEN UND DRAUSSEN

Rückgriffe auf die Architekturgeschichte können, kreativ ins Heute übersetzt, sehr ergiebig sein. So auch bei diesem Familienhaus in São Paulo, das mit einem hervorgehobenen überdachten Freibereich die für brasilianische Wohnhäuser typische Veranda neu interpretiert. Traditionell ein innen und außen verbindender Bereich vor Wohn- und Schlafzimmern, ist die Veranda hier zum Erdgeschoss geworden, das vom Schlaf- und Kindergeschoss überdeckt ist (3/4). Die runden Stützen, die dem Baukörper aus Stahlbeton Leichtigkeit verleihen, sind hier allerdings nicht aus traditionellem Holz, sondern aus Beton (3/4). Ebenerdig ist das Areal im Grunde ein Raumkontinuum aus zwei im rechten Winkel angeordneten Wohn-, Koch- und Esszonen, Pool, Garten- und Hofbereich sowie Büroanbau (3/4). Die vorhandenen Fenstertüren können in die Wände eingefahren werden, sodass die Durchgängigkeit der Architektur auch einen funktionierenden Luftaustausch gewährleistet (3/4). Die relativ niedrigen Deckenhöhen des Erdgeschosses unterstützen dessen intime Atmosphäre und strecken den dreigeschossigen Bau in die Horizontale. Im aufgestelzten, Loggia-artigen Schlaf- und Kindergeschoss erzeugt ein Schirm aus dicht aneinandergereihten Holzleisten eine geschlossene Gesamterscheinung, in den hölzernen Mantel integrierte Klappläden ermöglichen die Öffnung zum Garten (1/3/4). Darüber thront, als Staffelgeschoss aufgesetzt, der Wohnraum, dessen große Verglasungen den quadratisch gelochten Fassadenschirm als Muster in den Innenraum projizieren (2).

WICHTIGE BAUDATEN

Bauaufgabe: Neubau für eine Familie mit Kindern
Standort: São Paulo/Brasilien
Bauzeitraum: 2009–2010 (12 Monate)
Grundstücksgröße: ca. 890 m²
Bauweise: massiv (Stahlbeton)
Gesamtkosten: keine Angaben

4

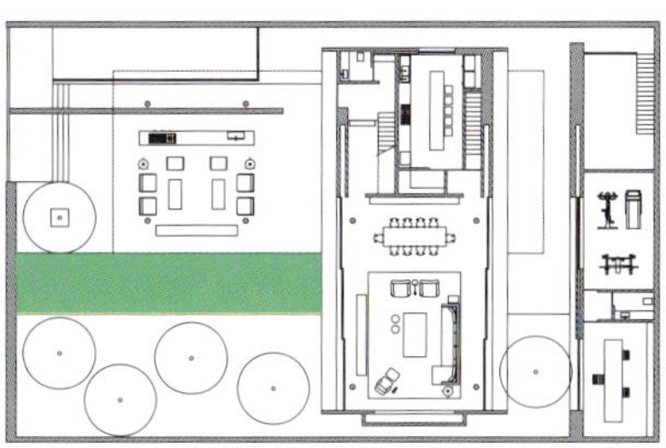

Erdgeschoss

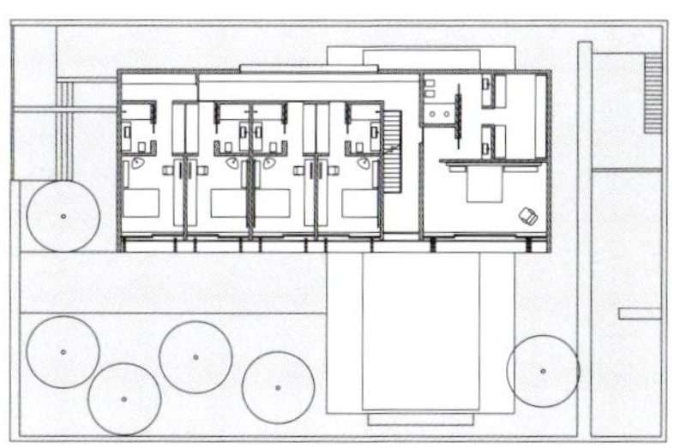

1. Obergeschoss

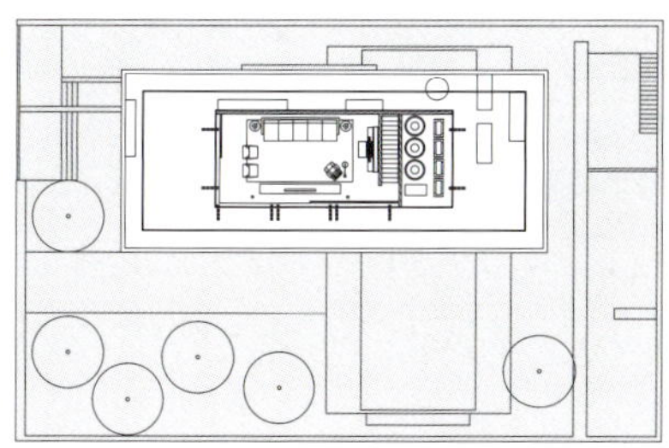

2. Obergeschoss

1

2

3

STADTHAUS MIT VIELEN GESICHTERN

Bei Häusern in der Stadt kommt es ganz besonders auf eine angemessene Abgrenzung zum öffentlichen Raum und auf die Schaffung intimer Freiräume an. Beides gelang Marcio Kogan bei seinem Wohnhaus in São Paulo bestens. Distanz zur Straße stellt dabei eine Staffelung der Gebäudeteile her, bei der Zugangs- und Garagenbau gleichsam Abstandhalter sind, die den beiden Wohnebenen Schutz vor Lärm und unerwünschten Einblicken bieten (4/5). Verbindendes Element ist eine auffaltbare Holzleistenfassade, die in geschlossenem und geöffnetem Zustand, bei Tag und bei Nacht mannigfache Erscheinungsformen annimmt (4/5). Zwischen Eingangsbauwerk und Haus vermittelt ein holzgedeckter Gartenhof mit azurblauem, lang rechteckigem Pool, der sich auch entlang der Hofmauer aus Naturstein bis zum Wohnbereich erstreckt (3). Der imposante Wohn- und Essraum im Erdgeschoss ist durchgesteckt konzipiert und beginnt und endet in zwei gegenüberliegenden Atrien, die bei Nacht stimmungsvoll blau beleuchtet werden können (2). Eine Treppe aus frei auskragenden Blockstufen (2) führt empor zum Schlafbereich, über dem sich wiederum deutlich zurückgesetzt der Panorama-Wohnraum mit Dachterrasse befindet. Die Aussicht von dem dreiseitig verglasten Staffelgeschoss auf die Stadt wird durch den umlaufenden Glasbalkon freigehalten (1). Die Schlafebene ist zur Straße hin verglast, was durch die eingerückte Position und die blickdichte Holzleistenfassade die Intimität aber nicht beeinträchtigt.

WICHTIGE BAUDATEN

Bauaufgabe: Neubau für ein Ehepaar
Standort: São Paulo/Brasilien
Bauweise: massiv (Stahlbeton)
Gesamtkosten: keine Angaben

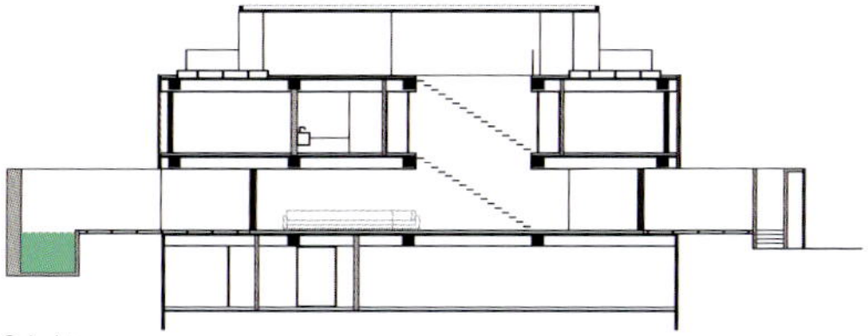

Schnitt

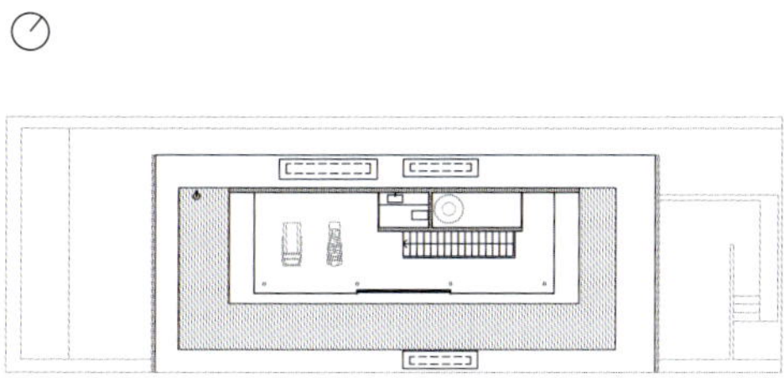

2. Obergeschoss

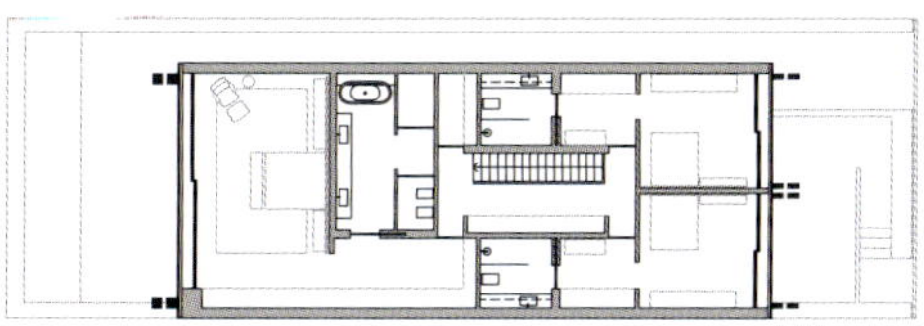

1. Obergeschoss

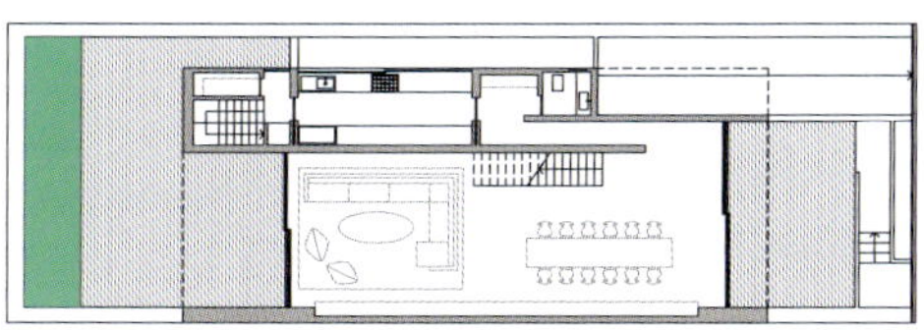

Erdgeschoss

4

5

MARCIO KOGAN/STUDIOMK27,
São Paulo/Brasilien
Projektleitung:
Diana Radomysler, Dlanas und Eduardo Chalabi
Projektleitung Innenarchitektur:
Diana Radomysler

1

2

DIE LEICHTIGKEIT DES WOHNENS

Auf einer Insel bei São Paulo entstand ein Wochenendhaus mit Pool in unmittelbarer Strandnähe. Nur der eigene Garten trennt das Haus vom Meer. Lage, Architektur und Garten erfüllen alle Anforderungen für die perfekte Entspannung. Zur Atmosphäre passt die ungemein leichte Architektur: Auf zwei filigran wirkenden Wandscheiben scheint das Obergeschoss zu schweben: Dank der auf beiden Längsseiten des Erdgeschosses weit aufschiebbaren, komplett in den Wänden verschwindenden Glasfronten wird die dazwischenliegende Wohn-, Ess- und Kochzone zum offenen Außenraum (1–3). Eine lange Mauer trennt das Anwesen von der Anliegerstraße, der daran anschließende Gartenhof bildet mit Wohnbereich, Terrasse, Pool und dem anschließenden Garten ein Raumkontinuum (3). Während der Wohnbereich durch das Obergeschoss vor starker Sonneneinstrahlung geschützt wird, übernimmt dies bei der weiß verputzen Schlafebene ein langer Bambusvorhang, dessen Klappschiebeelemente sich nach Bedarf öffnen und schließen lassen. Insbesondere bei geschlossenen Läden erkennt man die klare Gestaltung mit dem geometrisch exakt zugeordneten Pool (3). Alle Einbauten sind nur halbhoch ausgeführt, um die optische Durchgängigkeit nicht zu stören (1). Heller, Terrazzo-artiger Estrich, mit Naturstein verblendete Wände, die frei auskragenden Beton-Blockstufen der Treppe und die Naturholz-Oberflächen des Mobiliars unterstreichen den lichten und ungekünstelten Charakter des Hauses (1–3).

WICHTIGE BAUDATEN

Bauaufgabe: Neubau eines Wochenendhauses für eine Familie mit Kindern
Standort: Ilha Bela, Region São Paulo/Brasilien
Bauzeitraum: 2009
Bauweise: massiv (Stahlbeton, verblendet bzw. verputzt)
Gesamtkosten: keine Angaben

3

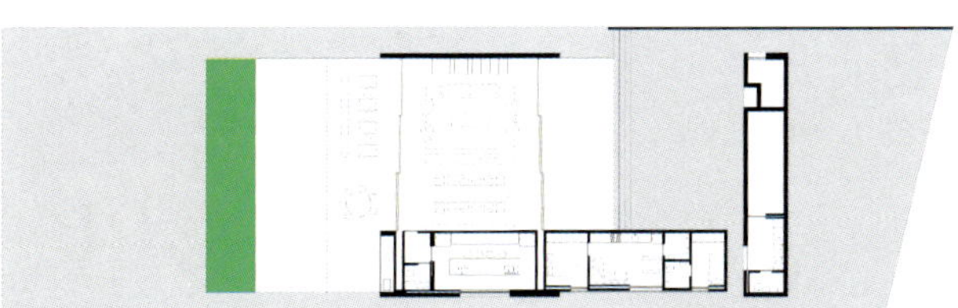

Erdgeschoss

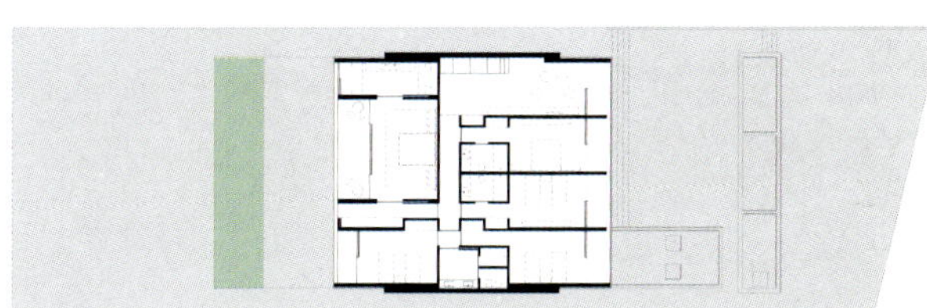

Obergeschoss

KUBUSROT ARCHITEKTEN, Wien/Österreich
Jakob Oberwalder

KÜHNES ATRIUMHAUS ÜBER DEM HANG

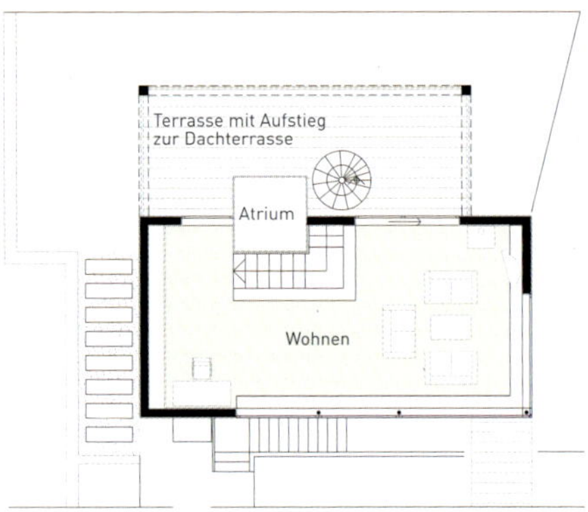

Obergeschoss

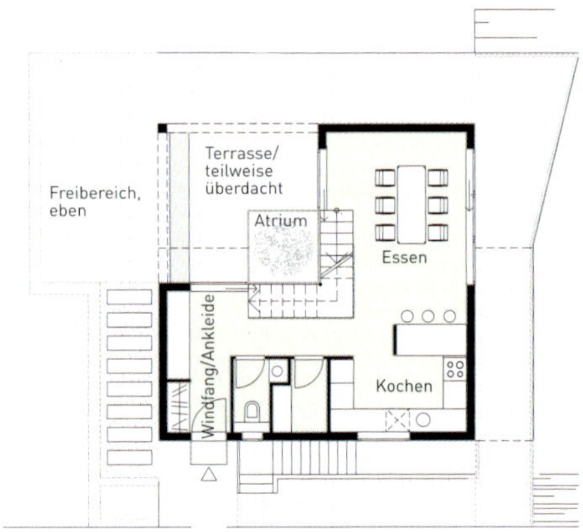

Erdgeschoss

Gartengeschoss

Grundstücke in naturnaher Umgebung und doch im großstädtischen Bereich sind nicht nur in Wien heiß begehrt. Daher betrachtete es der Architekt Jakob Oberwalder als Glücksfall, mit der Planung eines Einfamilienhauses am nordwestlichen Stadtrand betraut zu werden. Vom Bauplatz bietet sich ein wunderschöner Panoramablick auf den Wienerwald. Da es sich um einen Nordhang handelt, war es besonders wichtig, viel Licht ins Haus zu holen. Dies geschah einerseits durch großzügige Verglasungen – vom Untergeschoss mit dem elterlichen Wellness- und Schlafbereich über das Eingangsgeschoss mit Ess- und Kochraum bis zur obersten Wohnebene (1–3). Ebenfalls über alle drei Stockwerke erstreckt sich das zentrale, allseits verglaste Atrium, das zugleich als integraler Bestandteil des Innen- wie auch des Außenraums konzipiert ist. Wie ein Lichtkamin fungierend, verstärkt es die Innen-Außen-Beziehungen (1) und verleiht dem Saunabereich eine kontemplative Atmosphäre. Um das Atrium herum entstand im Erd- und Obergeschoss ein zweiter, größerer Innenhof mit einer teilweise überdachten Terrasse. Ebenso wie der übrige Baukörper mit orangefarben-bronzenen Fassadenplatten verkleidet, bilden die Attika-Rahmen eine geschlossen wirkende Form (1). Im wahrsten Sinne der Höhepunkt ist der kranartig über das Erdgeschoss, zur Landschaft hin, auskragende Wohnkubus, der die beste Aussicht des Hauses bietet (3).

WICHTIGE BAUDATEN

Bauaufgabe: Neubau für eine Familie mit ein bis zwei Kindern
Standort: Wien/Österreich
Bauzeitraum: 2008–2009 (12 Monate)
Grundstücksgröße: ca. 970 m²
Wohn- und Nutzfläche: 165 m² zuzüglich 5 m² Atrium und 124 m² Terrassen
Bruttorauminhalt (BRI): 539 m³
Bauweise: UG massiv (Stahlbeton, gedämmt), EG und OG Holzriegelkonstruktion, gedämmt, mit Fassadenplatten verschalt
Energiekonzept: Wärmepumpe als Zentralheizung (mit Pufferspeicher)
Heizenergiebedarf/Jahr (nach OIB 6): 36 kWh/m²
Gesamtkosten: 422.500 Euro

1

2

3

1

2

3

KLEINGARTENKUNST IN SCHOKOBRAUN

Wohnhausarchitektur im Kleingarten ist in Teilen Österreichs zu einem eigenen »Architektur-Genre« geworden. Der Architekt Jakob Oberwalder kann, wenn nicht als Pionier, so doch als Spezialist auf diesem Gebiet gelten. Auch bei diesem Einfamilienhaus verstand er es, die baurechtlichen Gegebenheiten mit einer oberirdischen Höchstgrundfläche von 50 Quadratmetern so auszunutzen, dass ein vollwertiges Wohngebäude mit überdurchschnittlicher Gestaltungs- und Innenraumqualität entstehen konnte (1–4). Er machte Unter- beziehungsweise Gartengeschoss zu einem vollwertigen Wohnbereich und brachte dort, wo die Höchstgrundfläche überschritten werden durfte, möglichst viele Funktionen unter. Unter anderem befinden sich hier auch das »Eltern-Schlafbad« mit angeschlossenem verglasten Patio und das ebenfalls großzügig verglaste Kinderzimmer. Die hervorragende Belichtung durch Lichthöfe und große Fenster sowie die Tatsache, dass das Kellerniveau angehoben wurde, vermitteln den Eindruck eines vollwertigen Wohngeschosses. Der Patio, aus dem zukünftig noch Magnolien und Feigen ihre Äste recken sollen, fungiert im Erdgeschoss als den Eingangsbereich begleitendes Element der Gartengestaltung. Auf dieser Ebene wird gekocht und gegessen (2), darüber ist der Wohnbereich mit einem Arbeitsplatz angeordnet (1). Große Fenster nach Nordwesten und Südwesten ermöglichen schöne Ausblicke in die Landschaft und zugleich die optimale Nutzung der Sonnenenergie zur Erwärmung der Räume (1/2/4).

WICHTIGE BAUDATEN

Bauaufgabe: Neubau für eine Familie mit Kind
Standort: Wien/Österreich
Bauzeitraum: 2009–2010 (10 Monate)
Grundstücksgröße: ca. 420 m²
Wohn- und Nutzfläche: 151 m² zuzüglich 20 m² Patio und 103 m² Terrassen
Bruttorauminhalt (BRI): 525 m³
Bauweise: UG massiv (Stahlbeton, gedämmt), EG und OG Holzriegelkonstruktion, gedämmt, verschalt mit Massivholz-Fassadenplatten
Energiekonzept: Wärmepumpe als Zentralheizung (mit Pufferspeicher)
Heizenergiebedarf/Jahr (nach OIB 6): 32 kWh/m²
Gesamtkosten: 335.000 Euro

Gartengeschoss

Erdgeschoss

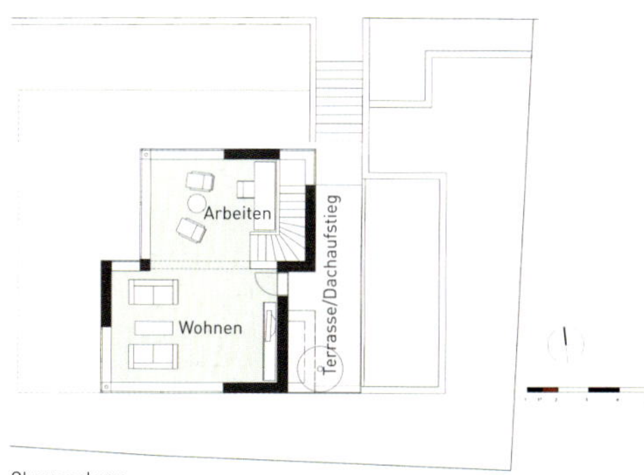

Obergeschoss

INNOVATIVES HAUS MIT SEEBLICK

1

2

Entgegen herrschender Vorurteile, in den Vereinigten Staaten würden keine energetisch zeitgemäßen Wohnhäuser gebaut, entwarfen Mell Lawrence Architects für einen Bauherrn ein hoch effizientes, nachhaltiges Ferienhaus über dem Lake Buchanan, mitten im »Ölstaat« Texas. Dank der 14 großen Photovoltaik-Paneele, die auf den vor Sonne schützenden Vordächern montiert sind (1/3), deckt das Gebäude fast seinen gesamten Energiebedarf selbst. Das Brauchwasser stammt aus einer großen Regenwasserzisterne, die die Niederschläge vom Dach aufnimmt (3). Und zu den ökologischen kommen noch große architektonische Qualitäten: Die Haut aus silbern glänzendem, verzinktem Stahl-Wellblech, die einen Großteil der Sonnenstrahlen reflektiert und so vor Überhitzung schützt (3/5), birgt einen hochwertig gestalteten Kern. Das asymmetrische Satteldach bietet unter seinem First ausreichend Platz für eine zum Schlafen genutzte Galerieebene (2). Wohn- und Essbereich blicken durch große Glasfronten direkt Richtung Süden zum See (1), die Küche duckt sich unter die Empore (2). Böden, Küchenfronten und Türen haben einheitliche Oberflächen aus Tannenholz, was den eher kompakt geschnittenen Räumen eine gefühlte Weite verleiht (2). Hinter der Küche schließen sich das durch eine Glaswand abtrennbare Schlafzimmer und das minimalistische Bad an, zu dessen rau verputzten Wänden sich eine frei stehende, trogartige Edelstahlwanne gesellt (4).

WICHTIGE BAUDATEN

Bauaufgabe: Neubau eines Ferienhauses für ein Paar
Standort: am Lake Buchanan, Texas/USA
Bauzeitraum: 2008 (10 Monate)
Grundstücksgröße: ca. 40.000 m²
Wohnfläche: ca. 130 m² zuzüglich 6 m² Eingangsterrasse
Bruttorauminhalt (BRI): 642 m³
Bauweise: Stahltragwerk und Holzrahmenkonstruktion
Energiekonzept: 14 Photovoltaik-Paneele als Energiezentrale und Beschattung
Gesamtkosten: keine Angaben

3

4

5

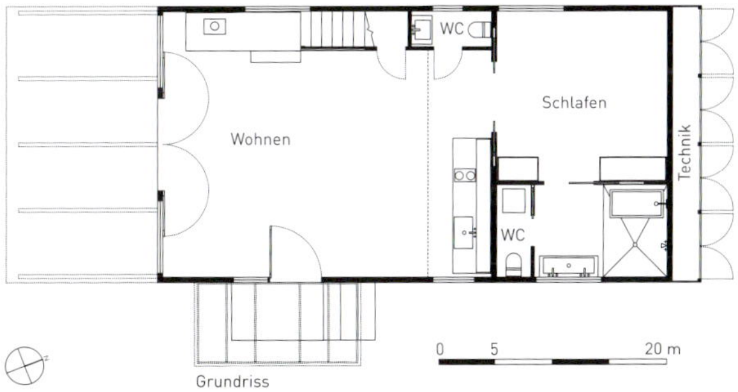

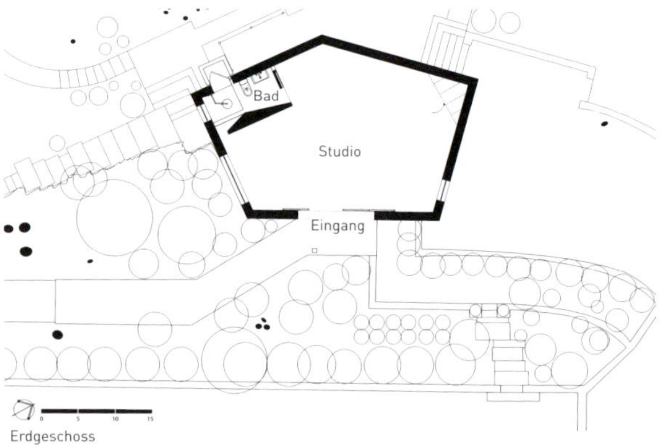

Erdgeschoss

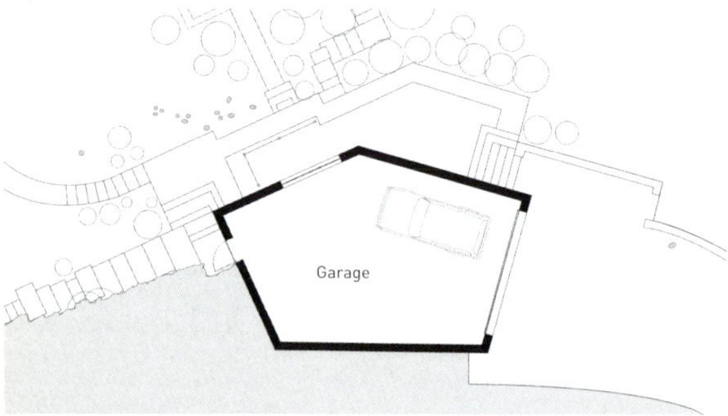

Untergeschoss

1

EIN HAUS ALS GARTENSKULPTUR

Beton ist ein Baustoff mit vielen Gesichtern. Er kann öde und kalt, aber auch kunstvoll und poetisch wirken. Das von Mell Lawrence Architects entworfene Wohnstudio gehört eindeutig zur letzteren Variante, denn schon die Hülle des Hauses wirkt wie eine aus Ortbeton gegossene Skulptur (1). Das Erscheinungsbild wechselt je nach Betrachtungsstandpunkt, teils wirkt das Haus sogar wie ein behauener Felsen (1/2/4). Dieser Eindruck rührt nicht zuletzt von der Struktur der Außenwand, die unregelmäßig übereinander gesetzte Steine oder Tierschuppen nachzuahmen scheint, und den abwechslungsreich gesetzten Fassadenaus- und einschnitten (1–4). Stahlfenster unterschiedlichster Dimensionen holen genau das an der jeweiligen Stelle benötigte Licht herein – sei es für die künstlerische Arbeit oder zum Entspannen (1–5). Ein in die Nordecke eingepasstes Dachfenster sorgt den ganzen Tag für ausgeglichene Lichtstimmung, die südseitige Panorama-Verglasung öffnet den Raum zur Landschaft und zur Sonne, deren Strahlen durch das Geäst einer Eiche gebrochen werden.
Beide Hausbesitzer sind passionierte Gärtner, die die Anlage in einem Cottage-artigen Stil gestaltet haben (4). So kontrastiert die moderne, bereits Patina annehmende Sichtbetonarchitektur spannungsvoll mit dem romantisch wirkenden Grün des Außenraums (1–4). Der kühn geführte Zugangssteg ist gleichzeitig Aussichtsplattform für einen Blick in den parkartigen Garten und in die Landschaft (3), ein aus dem Haus herauswachsender Betonbalkon vermittelt zwischen gebauter und natürlicher Umgebung.

WICHTIGE BAUDATEN

Bauaufgabe: Neubau eines Atelier- und Wohnhauses für ein Ehepaar
Standort: Austin, Texas/USA
Bauzeitraum: 2007 (14 Monate)
Grundstücksgröße: ca. 8.000 m²
Wohnfläche: 61 m² zuzüglich 60 m² Garage
Bruttorauminhalt (BRI): 245 m³ (Wohnraum)
Bauweise: massiv (Ortbeton)
Gesamtkosten: 300.000 US-Dollar

2

3

4

5

WIE AUS STEIN GEMEISSELT UND DOCH FILIGRAN

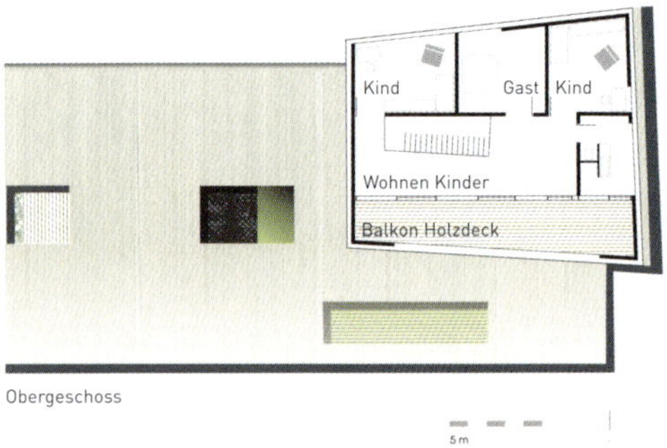

Obergeschoss

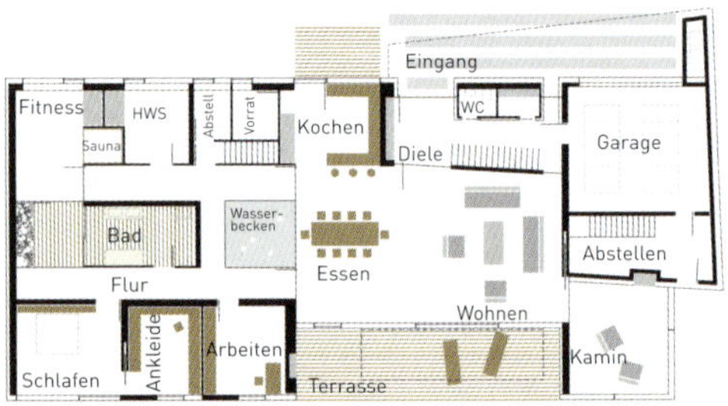

Erdgeschoss

1

Große Kubaturen unprätentiös zu gestalten ist kein Kinderspiel. Regine Neubauer und Rainer Löhle haben eine Villa mit 440 Quadratmetern Wohnfläche so überlegt in das mit alten Laub- und Nadelbäumen bewachsene Grundstück integriert, dass die Architektur förmlich zum Teil der Natur wird (1). Die stellenweise kubistisch anmutende Außenhaut aus sandfarbenem Jurakalkstein und die elegant langgestreckten, ineinander verschnittenen Betonkörper tun das Ihre, um architektonische Schwere zu vermeiden (1/2). Teils über die Gebäudekanten laufende Fassadenöffnungen lockern den Baukörper auf und schaffen ausschnitthafte Ein- und Ausblicke (1). Auf der Südseite weicht der Gehölzbestand zurück und lässt die Sonne auf die Fassade scheinen (2).

Ein über 115 Quadratmeter großer Wohn-, Ess- und Kochbereich im Erdgeschoss bildet den Lebensmittelpunkt der Familie (4). Große, teils als Schiebeelemente ausgebildete Fensterflächen nach Süden, aber auch gläserne Atrien und mit Wasserbecken akzentuierte Lichthöfe tragen die Sonne nach innen (3) . Dielenböden aus massiver Eiche und Natursteinbeläge, die das Fassadenmaterial auch im Haus fortführen, erden die Räume und unterstützen die freundliche Atmosphäre. Introvertierter sind die Eltern- und Wellnesszone, vor allem aber das eingetiefte Kaminzimmer im Südosten angelegt. Die obere Kinderebene mit dem Loggien-Balkon, einem Spielflur, drei Zimmern und Bad beschließt das ambitionierte Raumprogramm.

WICHTIGE BAUDATEN

Bauaufgabe: Neubau für eine Familie mit drei Kindern
Standort: Mittelschwaben, Bayern
Bauzeitraum: 2006–2008
Grundstücksgröße: 14.400 m²
Wohnfläche: 440 m² zuzüglich 630 m² Nutzfläche und 90 m² Balkone/Terrassen
Bruttorauminhalt (BRI): 2.800 m³
Bauweise: massiv (Ziegelmauerwerk und Stahlbeton, gedämmt), Natursteinfassade/Putz
Energiekonzept: Hackschnitzel-Zentralheizung
Heizenergiebedarf/Jahr (nach EnEV): 65 kWh/m²
Gesamtkosten: keine Angaben

2

3

4

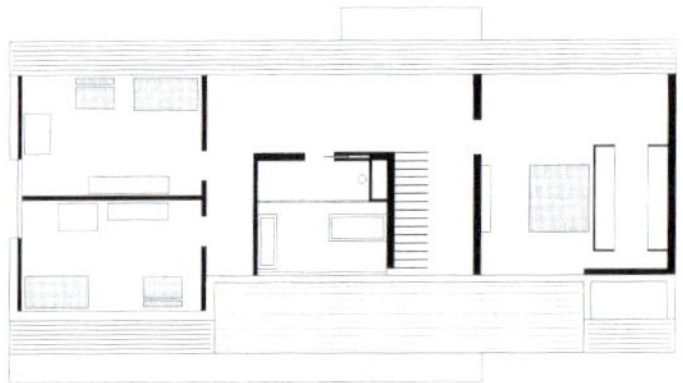

Dachgeschoss

1 5 m

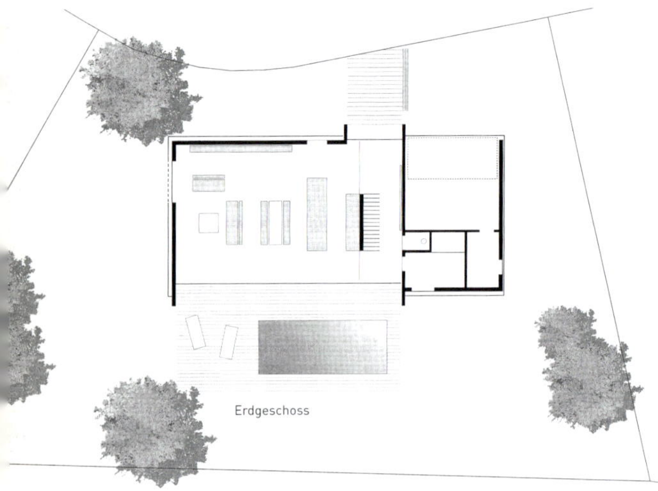

Erdgeschoss

SPITZES DACH MIT RAFFINESSE

Spitzdachhäuser kennt man vielerorts zur Genüge. In vielen Bebauungsplänen vorgeschrieben, sind sie für manchen Planer ein notwendiges Übel. Dass ein Satteldach keineswegs ein ästhetischer Nachteil sein muss, beweisen Regine Neubauer und Rainer Löhle bei ihrem außergewöhnlichen Wohnhausprojekt. Am südlichen Ortsrand mit Ausblick auf eine idyllische Bachaue gelegen, galt es, den Landschaftsbezug des Hauses herauszuarbeiten. Dazu wurden beide Ebenen großflächig verglast: Im unteren, gemeinsamen Wohn-, Ess- und Kochraum ist die Gartenfassade weithin transparent, Schiebeelemente schaffen fließende Übergänge zur holzgedeckten Terrasse und zum darin integrierten Pool (2–4). Aber auch das Schlafgeschoss mit Eltern- und Kinderzimmern öffnet sich ganz zum Licht (5). Statt klobige Dachgauben oder unpassende Dachflächenfenster aufzupfropfen, wurde einfach ein großes Stück aus der südlichen Dachhälfte herausgeschnitten und der so gewonnene Freibereich zu einer Art Loggia (2/3). Diese kann durch geneigte Lochblech-Schiebeläden – von den Architekten geplant und vom Schlosser sondergefertigt – nach Wunsch geöffnet oder geschlossen werden, was ebenso zu einer harmonischen Ansicht beiträgt wie der Verzicht auf sonstige Dachöffnungen. Auch zur Straße hin gibt sich das Haus geschlossen, schmale Fenster holen Licht in die untergeordneten Räume. Ein klar gestalteter Vorgarten mit Basaltkies, Gräsern und Betontrittplatten bildet einen harmonischen Übergang (1).

WICHTIGE BAUDATEN

Bauaufgabe: Neubau für eine Familie mit zwei Kindern
Standort: bei Aichach, Bayerisch-Schwaben
Bauzeitraum: 2003–2004 (12 Monate)
Grundstücksgröße: 931 m^2
Wohnfläche: 231 m^2 zuzüglich 110 m^2 Nutzfläche und 40 m^2 Terrassen
Bruttorauminhalt (BRI): 1.270 m^3
Bauweise: massiv (Ziegelmauerwerk, gedämmt und verputzt bzw. mit Holzleisten verschalt)
Energiekonzept: Gas-Brennwerttherme
Heizenergiebedarf/Jahr: 70 kWh/m^2
Gesamtkosten: keine Angaben

2

3

4

5

1

2

SPITZDACHHAUS AM HANG

Gute Architektur bedeutet Verzicht. Die Beschränkung des Formen- und Materialkanons ist häufig der Schlüssel zur gestalterischen Qualität, wenn so souverän damit umgegangen wird wie bei diesem Einfamilienhaus am Hang. löhle neubauer architekten haben ein langgestrecktes, zweigeschossiges Spitzdachhaus mit stringentem Konzept und klarer Kubatur geschaffen, dessen große west- und südseitige Verglasungen die Gunst der Lage und des Ausblicks bestmöglich nutzen (3). Dabei setzen kupferverkleidete Türen im Untergeschoss markante Akzente in der klaren Grundstruktur. Die hier eher introvertierten Räume wie etwa die Bäder sind so vor allzu viel Einblicken geschützt und haben doch direkten Zugang zum Garten (3). Das lichte Schlafzimmer nutzt den großartigen gläsernen Übereckblick, duckt sich aber dabei ebenso wie der unter das Erdgeschoss eingezogene Terrassenbereich hinter die begrenzende Buchenhecke (3). Während sich der elegante Baukörper im Süden und Westen mit beiden Wohnebenen aus dem Hang heraushebt, zeigt er sich zur nördlichen Eingangsseite eingeschossig. Nach Osten geht die Architektur in das dort ansteigende Gelände über. Im Inneren bildet der riesige Einraum mit den Funktionen Wohnen, Essen und Kochen das Kernstück (2). Die komplett verglaste Südseite wird über die gesamte Länge von einer Fensterbank begleitet, die ebenso wie Fenster und Boden in Eiche ausgeführt ist. Anstelle eines Balkons öffnen große Schiebefenster das Haus zum Außenraum (2). Die Wände und Decken nehmen das reine Weiß der Fassade auf.

WICHTIGE BAUDATEN

Bauaufgabe: Neubau für eine Familie
Standort: bei Aichach, Bayern
Bauzeitraum: 2007–2008 (13 Monate)
Grundstücksgröße: 830 m²
Wohnfläche: 180 m² zuzüglich 60 m² Nutzfläche
Bruttorauminhalt (BRI): 930 m³
Bauweise: massiv (Stahlbeton, gedämmt)
Energiekonzept: Pelletzentralheizung
Heizenergiebedarf/Jahr (nach EnEV): 60 kWh/m²
Gesamtkosten: keine Angaben

3

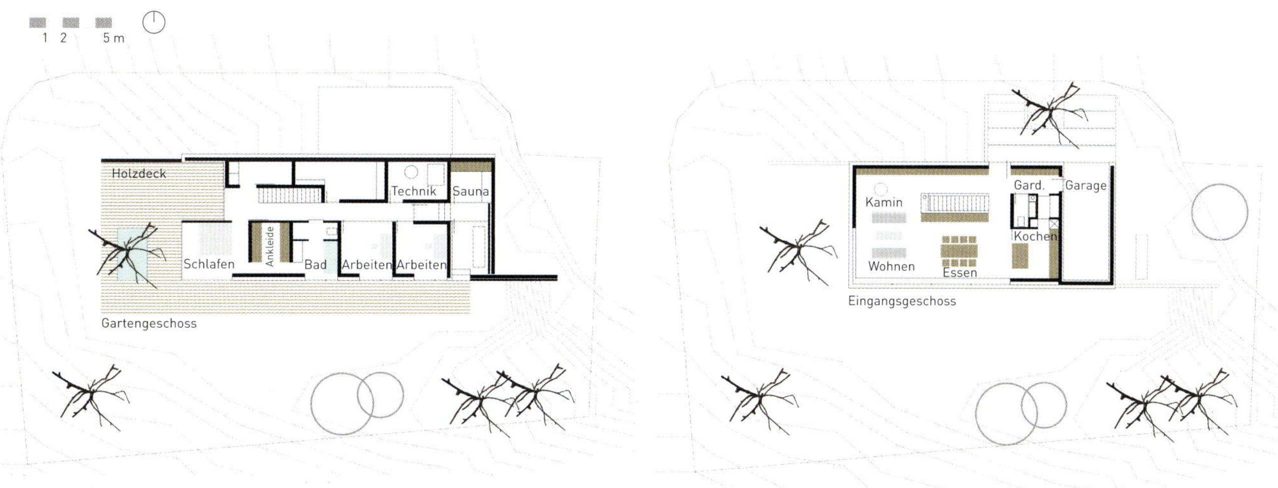
1 2 5 m
Holzdeck
Technik
Sauna
Schlafen
Ankleide
Bad
Arbeiten
Arbeiten
Gartengeschoss
Kamin
Gard.
Garage
Kochen
Wohnen
Essen
Eingangsgeschoss

Obergeschoss

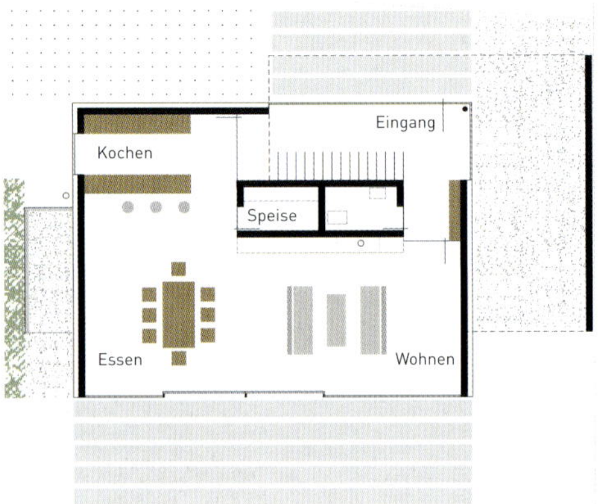

Erdgeschoss

1

UNSPEKTAKULÄRER BAUPLATZ, MEISTERLICHE ARCHITEKTUR

Die Besonderheit liegt oft in der Inszenierung des Details. Dieses Einfamilienhaus steht auf ebenem Terrain in einem ganz normalen Siedlungsgebiet bei München. Eine Besonderheit ist der alte, erhalten gebliebene Baumbestand im Süden, der heute einen perfekten Sichtschutz und Ruhepunkt fürs Auge bildet.
Große Schiebefenster aus Eiche verbinden den Wohn-, Ess- und Kochraum schwellenlos mit dem südlich anschließenden Garten, wo eine allwettertaugliche Terrassen-Sitzgruppe auf die Familienmitglieder wartet (4). Drinnen wird Eichenholz – im Sinne einer gestalterischen Einheitlichkeit – konsequent eingesetzt: als massiver Bodenbelag (1), aber auch für Türen und Einbaumobiliar. Der mit Schieferplättchen anthrazitfarben verkleidete Funktionskörper mit Kamin, Toilette und Lagerraum (1/2) sowie die olivgrüne Küche (3) setzen perfekt passende Akzente. Spannungsvolle Aus- und Einblicke gehören gleichsam zur Grundausstattung – etwa in Gestalt eines Fensterbands auf der Westseite, das von der Küche zum Flur beziehungsweise zum Arbeitsplatz verläuft und so den Wohn- mit dem Erschließungsbereich verbindet (3). Die übereck verglaste Eingangszone setzt sich geradeaus in den Wohnraum fort, rechter Hand dockt eine Eichen-Blockstufen-Treppe an die dunkle Funktionsbox an (2). Draußen zeigen sich der östlich vorgelagerte Carport und die Fassaden des Erdgeschosses in Sichtbeton, während die darüberliegende, privatere Ebene in weißen Putzoberflächen gehalten ist (4).

WICHTIGE BAUDATEN

Bauaufgabe: Neubau für eine Familie mit einem Kind
Standort: bei München
Bauzeitraum: 2006–2007 (12 Monate)
Grundstücksgröße: 380 m²
Wohnfläche: 180 m² zuzüglich 30 m² Nutzfläche
Bruttorauminhalt (BRI): 720 m³
Bauweise: massiv (Stahlbeton, gedämmt)
Heizenergiebedarf/Jahr (nach EnEV): 70 kWh/m²
Gesamtkosten: keine Angaben

ARCHITEKTURBÜRO [LU:P],
Grub am Forst, Oberfranken
Projektleitung: Renee Lorenz

WEISSE ARCHITEKTURSKULPTUR AUF DUNKLEM SOCKEL

Gegensätze ziehen sich an – nicht nur, aber auch in der Architektur. Das vom Architekturbüro [lu:p] entworfene Einfamilienhaus über dem unterfränkischen Maintal versteht es perfekt, Spannung durch Kontraste zu erzeugen. Auf den ersten Blick fällt das deutlich auskragende, weiß verputzte Obergeschoss auf, das auch aufgrund seiner asymmetrischen Dachgestalt an einen hell angestrahlten Fels erinnert (1/4). Die mit Douglasienholz verkleidete Fassade und die anthrazitfarbenen Fensterrahmen des Erdgeschosses, das wie ein großer Sockel wirkt, stehen dazu in wirkungsvollem Gegensatz. Die rotbraunen Natursteinoberflächen der umgebenden Mauern erweitern das Farb- und Materialspektrum und zeigen, dass sie kein Teil des Gebäudes sind (1/4). Sie formen vielmehr die beiden für die Gesamtsituation wichtigen Außenräume – einen geschlossenen Eingangshof (4) und den Terrassenbereich nach Süden (1).
So wird der Blick auf das Maintal freigegeben, der sich von nahezu allen Stellen im Haus aus bietet (2/3). Deutlich mehr als die Hälfte der Glasflächen befinden sich auf der Südseite, was neben dem Ausblick auch die optimale passive Nutzung der Sonnenenergie ermöglicht (2). Im Haus verteilt sich das Licht praktisch überall, wozu auch die Durchgängigkeit der Räume beiträgt. Ein statisch bedingter zentraler Block mit Treppe, ebenso wie die Decken in Sichtbeton ausgeführt, wirkt als Lichtkamin und als vertikale Verknüpfung der Wohnebenen und ist so angeordnet, dass die wichtigen Blickachsen unverstellt bleiben (2).

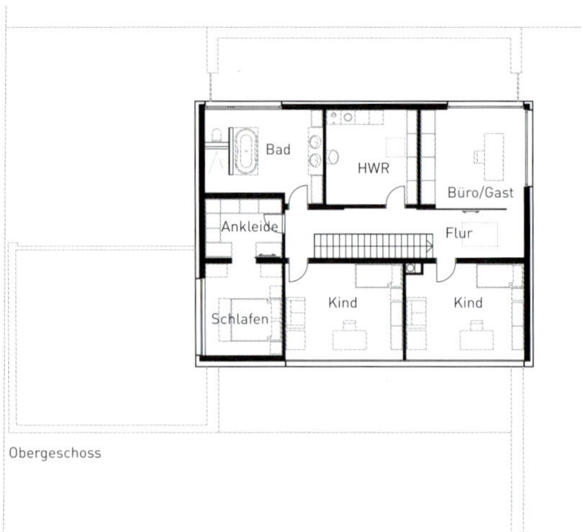

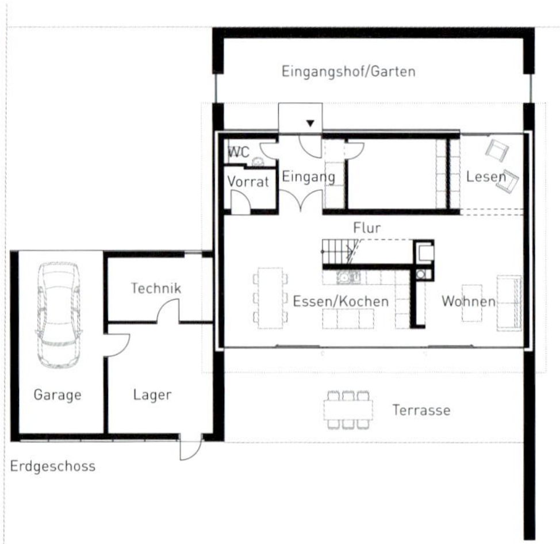

WICHTIGE BAUDATEN

Bauaufgabe: Neubau für eine Familie mit zwei Kindern
Standort: bei Haßfurt, Bayern
Bauzeitraum: 2008 (10 Monate)
Grundstücksgröße: 765 m²
Wohnfläche: 189 m² zuzüglich 50 m² Terrassen
Bruttorauminhalt (BRI): 1.227 m³
Bauweise: massiv (Ziegelmauerwerk, gedämmt, Stahlbetondecken)
Energiekonzept: Wärmepumpe, kontrollierte Be- und Entlüftung mit Wärmerückgewinnung, passive Nutzung der Solarenergie
Heizenergiebedarf/Jahr (nach EnEV): 31,1 kWh/m²
Gesamtkosten: keine Angaben

1

2

3

4

WEISSE VILLA 2010

Bauherren mit höchsten Ansprüchen an Wohnfläche und Ausstattungskomfort auch noch von außergewöhnlicher zeitgemäßer Architektur zu überzeugen, ist keine leichte Aufgabe. Renee Lorenz vom Architekturbüro [lu:p] hat es geschafft – und zwar zur größten Zufriedenheit der Auftraggeber. Die große Baumasse verpackte er in drei leicht wirkende Teilkörper: das zweigeschossige Hauptgebäude, das den in Split-Levels aufgeteilten Ess- und Koch- sowie Wohnbereich und das darübergelegene Schlafgeschoss umfasst, den Innenpool- und Fitnesstrakt sowie die Doppelgarage mit Lager. Die beiden letzteren Bauteile bilden mit ihren sanft gerundeten Kanten und ihrer eingeschossigen Bauweise wirkungsvolle, aber keineswegs abweisende Pufferbereiche zum Straßenraum (4). Als Fassadenausschnitte wählte man schlitzartige Öffnungen für das Poolhaus und bullaugenähnliche Fenster für das Hauptgebäude. Zwischen den geschwungenen Bauten geht es wie durch eine Schleuse zum Haupteingang und in das Haus (4), wobei sich die sanften Schwünge der Architektur in Linienführung und Einbauten nach innen fortsetzen (1/2). Ebenso wie die drei Bauteile kunstvoll ineinander geschoben sind, durchdringen sich die Lebensbereiche. So ist die auf Erdgeschossniveau angelegte Terrasse sowohl direkt mit dem Wohnraum als auch mit dem Poolhaus verbunden, im geschützten Bereich zwischen den Baukörpern befindet sich ein Essplatz im Freien. Von hier wie auch vom Wohnbereich bietet sich eine weite Aussicht in südlicher wie westlicher Richtung durch große Glasflächen, die einen gelungenen Kontrast zur geschlossenen Straßenseite bilden (3).

WICHTIGE BAUDATEN

Bauaufgabe: Neubau für ein Ehepaar
Standort: Kronach, Oberfranken
Bauzeitraum: 2009–2010 (19 Monate)
Grundstücksgröße: 918 m²
Wohnfläche: ca. 230 m² zuzüglich 159 m² Nutzfläche und 115 m² Terrassen/Balkone
Bruttorauminhalt (BRI): 1.793 m³
Bauweise: massiv (Stahlbeton bzw. Ziegelmauerwerk, gedämmt und verputzt)
Energiekonzept: Pelletskessel als Zentralheizung
Heizenergiebedarf/Jahr: 66 kWh/m²
Gesamtkosten: keine Angaben

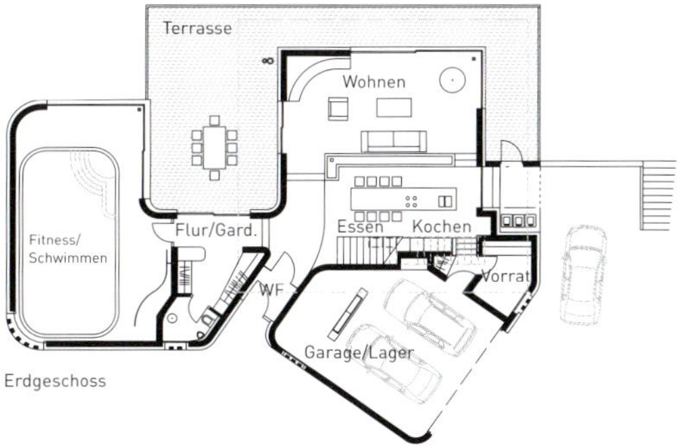

Erdgeschoss

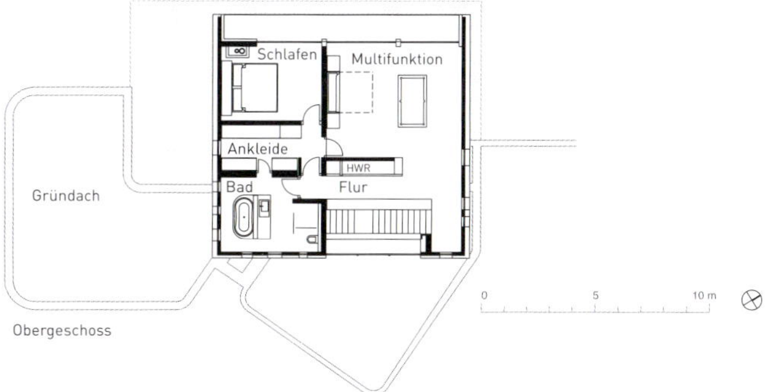

Obergeschoss

SIXTIES-BUNGALOW MIT NEUER KLASSE

In den 1960ern gepriesen als Ausdruck moderner Lebensart, erlebt das Wohnen auf einer Ebene aktuell eine Renaissance. Wenn dem beim Neubau auch oft Beschränkungen durch zu kleine Grundstücke entgegenstehen, bieten sich doch viele Originalgebäude aus den 1960er-Jahren für den kreativen Umbau an. So auch der vom Architekten Thomas Meese für sich selbst erworbene und weitgehend umgestaltete Bungalow in Augsburg, der im Erdgeschoss stolze 150 Quadratmeter Wohnfläche aufweist. Das innenliegende Atrium mit altem Feigenbaum und neuem Wasserfall kann durch ein transluzentes Schiebedach geschlossen werden, sodass ein mildes, mediterranes Kleinklima entsteht. Zudem stand ein Keller zur Verfügung, wo neben Lagerräumen auch einen Wellness-Bereich mit Sauna und Fitness untergebracht werden konnte. Alternativ haben die Bewohner die Möglichkeit, im neu geschaffenen Außenpool (3) ein kühlendes Bad zu nehmen. Das Becken wird als Wärmespeicher genutzt und durch Solartechnik wie auch durch eine Grundwasser-Wärmepumpe und einen Scheitholzofen gespeist. Garten und Haus sind durch neue, große Glasfronten zur visuellen Einheit verbunden und damit optimal belichtet (1–3). Mit beigefarbenem Naturstein verblendete Außenmauern fassen die Anlage (4), Aussparungen im Dach lassen den Himmel durchscheinen (2). Am Abend inszeniert eine ausgeklügelte Lichtplanung den Innen- und Außenraum. Eine aus der Erbauungszeit stammende Kiefer flankiert den Eingang, das neue Vordach ist um den Baum herum gebaut (3).

WICHTIGE BAUDATEN

Bauaufgabe: Umgestaltung eines Bungalows aus den 1960er-Jahren für ein Paar
Standort: Augsburg
Bauzeitraum: 2010–2011 (12 Monate)
Grundstücksgröße: ca. 500 m²
Wohnfläche: ca. 150 m² zuzüglich 70 m² Terrassen
Bruttorauminhalt (BRI): 1.150 m³
Bauweise: massiv (Ziegelmauerwerk bzw. Stahlbetonkeller, gedämmt)
Energiekonzept: Grundwasser-Wärmepumpe, Solarkollektoren, zentraler Scheitholzkamin; passive Nutzung der Solarenergie
Heizenergiebedarf/Jahr: 67 kWh/m²
Gesamtkosten: ca. 200.000 Euro (inklusive Honorare, Steuern und Nebenkosten, ohne Architektenhonorar)

3

4

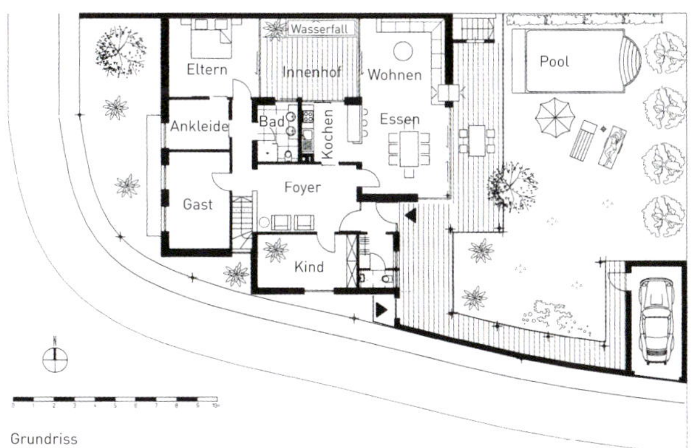

Grundriss

EIN APPENZELLERHAUS GANZ VON HEUTE

Um traditionelle Gestaltungselemente richtig in die Planung eines neuen Hauses zu integrieren, bedarf es einer genauen Kenntnis der Baugeschichte. Nur auf dieser Basis konnte der Architekt Thomas Metzler für seine Bauherren im Appenzellerland ein Haus mit regionalem Mehrwert und doch ganz heutiger Formensprache schaffen. Augenfälligste Ähnlichkeiten mit den Bauern- und Wohnhäusern der Gegend sind der fächerähnliche Fassadenschirm der Giebelseiten, die flache Dachneigung mit dem weiten Überstand, die kassettierte Holzfassade und die kleinteiligen Fenster (2/3). All dies zeigt sich jedoch in durchaus innovativer Version: Das schon mit seiner roten Südfassade sehr warm wirkende Haus geht extrem sparsam mit Heizenergie um und hat mit der Minergie-P-Eco-Zertifizierung sogar ein Gütesiegel für die erreichte ökologische Qualität bekommen. Energetisch sinnvoll ist die auch bei Appenzeller Bauernhäusern übliche Vereinigung des hier grau abgesetzten Garagen- und Werkstatttrakts und des Wohntrakts unter einem First. Die unbeheizten Nutzflächen wirken so als Wärmepuffer für den Wohnteil. Die mit Schmetterlingen geschmückte Dachuntersicht schützt den Sitzplatz im Freien vor Regen, südlich vorgelagert ist ein natürlich gestalteter Bauerngarten (2/3). Für den Abend steht eine in das Obergeschoss eingeschnittene Terrasse nach Westen und Norden zur Verfügung. Der Wohn-, Ess- und Kochraum mit Gartenblick und Holzscheitkamin ist der wichtigste Aufenthaltsraum an weniger schönen Tagen (1).

WICHTIGE BAUDATEN

Bauaufgabe: Neubau für ein Ehepaar
Standort: Appenzellerland/Schweiz
Bauzeitraum: 2007–2008 (8 Monate)
Grundstücksgröße: ca. 750 m²
Wohnfläche: ca. 140 m² zuzüglich 60 m² Werkstatt und 17 m² Terrassen
Bruttorauminhalt (BRI): 940 m³
Bauweise: Holzständerkonstruktion, ökologisch gedämmt (Zellulose) und verschalt
Energiekonzept: Kompakt-Wärmepumpe mit Erdkollektor, kontrollierte Be- und Entlüftung mit Wärmerückgewinnung, Holzscheitofen im Wohnraum
Heizenergiebedarf/Jahr (nach Minergie-P): 26,1 kWh/m²
Gesamtkosten: keine Angaben

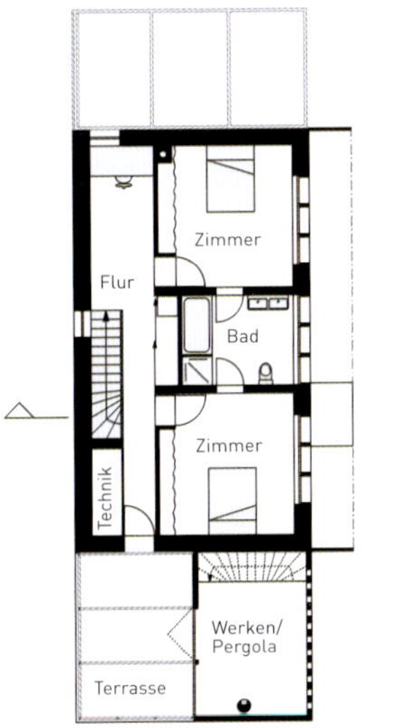

Obergeschoss

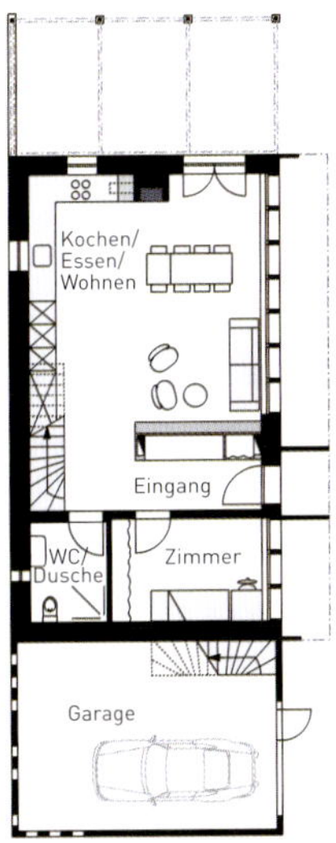

Erdgeschoss

3

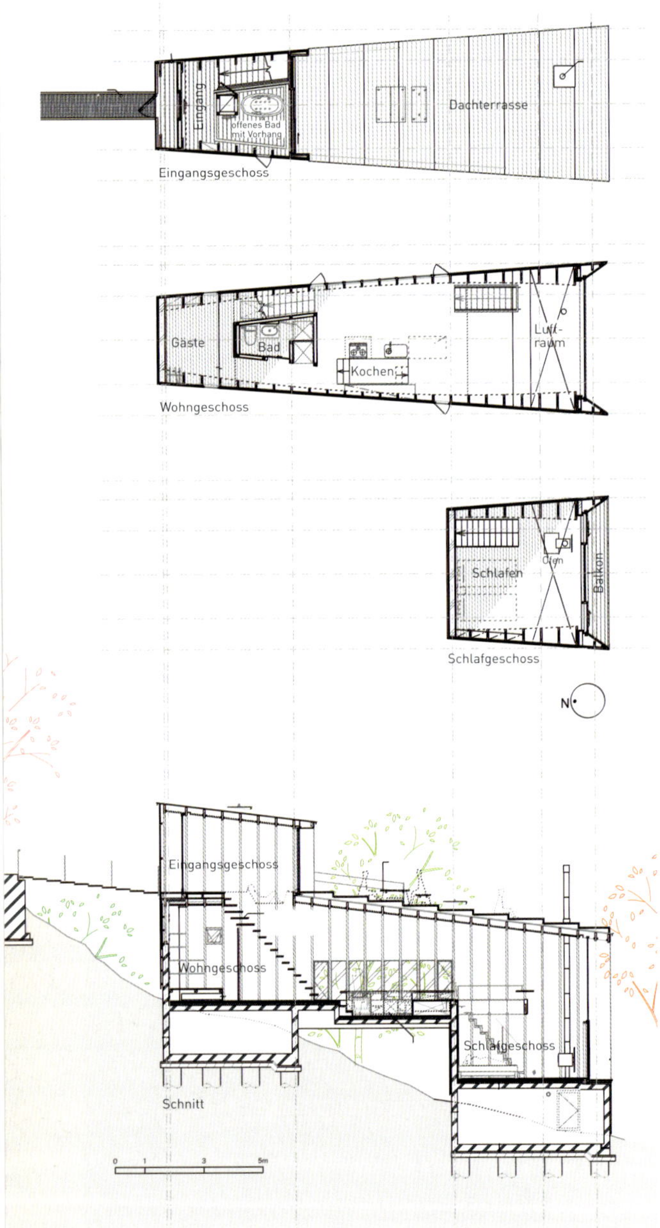

GESTAFFELTES WOHNKUNSTWERK MIT WEITBLICK

Auf einem Areal unweit von Nagano, das sich eine Tokyoter Familie als Bauplatz ausgesucht hatte, ist selbst im Winter nichts vom Trubel des nahe gelegenen Skigebiets zu spüren. Der steile Hang mitten im Bergwald war schwer zu überplanen, aber es gelang Miurashin Architects, die Lage zu nutzen und gekonnt zu inszenieren. Dazu entwarfen sie ein unauffälliges Bauwerk aus grau gefärbtem Holz, das sich ganz auf den Ausblick ins Tal konzentriert und diesen auf vier Ebenen ins Bild setzt. Ein Ausschnitt im Mittelteil der gestaffelten Skulptur lässt die Natur durchscheinen (1). Eine Stahlbrücke, die selbst schon als Inszenierung wirkt, führt von der Bergseite her ebenerdig in das Haus, durch Holzleisten hindurch geht der Blick in die Landschaft. Der die Raumabfolge eröffnende Badeplatz mit Wanne (3) bietet nicht nur eine grandiose Aussicht, sondern auch direkten Zugang zur talwärts gestuften Dachterrasse (4) – einer der schönsten denkbaren Wellness-Bereiche. Eine schlichte Treppe (3) erschließt das eigentliche Wohngeschoss, dessen bodennah eingebaute Koch-Ess-Insel den Ausblick unverstellt lässt (2). Bergseits ist ein im Niveau variierter Rückzugsraum eingepasst, seitlich wird der Essplatz von einem zum Wald orientierten Fensterband belichtet und akzentuiert, die Baumstämme sind durch die Reihung der sichtbar gehaltenen Holzstützen nachempfunden (2). Ganz unten schließt das Elternschlafzimmer (5) die Raumkomposition ab, die ohne Türen und fast ohne Zwischenwände auskommt.

WICHTIGE BAUDATEN

Bauaufgabe: Neubau eines Ferien- und Wochenendhauses für eine Familie
Standort: bei Nagano/Japan
Bauzeitraum: 2007–2008
Grundstücksgröße: ca. 1.055 m²
Wohn- und Nutzfläche: ca. 78 m²
Bauweise: Holzrahmenkonstruktion
Energiekonzept: zentrale Holzscheitheizung
Gesamtkosten: keine Angaben

1

2

3

4

5

1

2

EIN HAUS IM RHYTHMUS DES WALDES

Ein Ehepaar aus Tokyo suchte ein Rückzugsdomizil vom hektischen Stadtleben, wo Geist und Seele zur Ruhe kommen können. Das ausgewählte Grundstück besaß alle Eigenschaften, um den Planer Shin Miura zu inspirieren. Allein mitten in einem Waldgebiet gelegen, sollte das zu entwerfende Gebäude den Geist der Natur einbeziehen, ja sogar verkörpern. Dazu wurde der Baukörper um 80 Zentimeter über dem Gelände angehoben und erhielt ein sanft ansteigendes Dach (3). So bekommt das Haus einen fast schwebenden Charakter und harmoniert mit den sich im Wind wiegenden Bäumen. Die natürliche Materialität und Farbigkeit der Holzleisten-Fassade und des dunklen Stahldachs, das sich an den schmalen Seiten auch über die Außenwände zieht, binden die Architektur harmonisch in die Umgebung ein (3). Die zur Terrasse ansteigende Dachkonstruktion aus gebogenen Holzträgern, die im Inneren das Bild einer Welle erzeugen, vollzieht die organischen Bewegungen der Bäume und macht so die Natur zum wesentlichen Teil des Wohnens (2). Darunter ist die große Wohn-, Ess- und Kochhalle wie unter einem Baumkronendach geborgen (1/2). Das Außen wirft durch die Holzleisten und Verglasungen geformte und gebrochene Sonnen- und Lichtreflexe nach innen (1), bei abendlicher Innenbeleuchtung wird das Haus zum transparenten Glaskörper. Strahlend weiß, fällt die Terrasse mit dem Haupteingang über eine Rampe langsam zum Niveau des Waldbodens ab (4).

WICHTIGE BAUDATEN

Bauaufgabe: Neubau eines Ferien- und Wochenendhauses für ein Ehepaar
Standort: bei Tokyo/Japan
Bauzeitraum: 2004–2005 (8 Monate)
Grundstücksgröße: ca. 2.040 m²
Wohn- und Nutzfläche: 173 m²
Bauweise: Holzkonstruktion
Energiekonzept: Gas-Brennwerttechnik
Gesamtkosten: keine Angaben

3

4

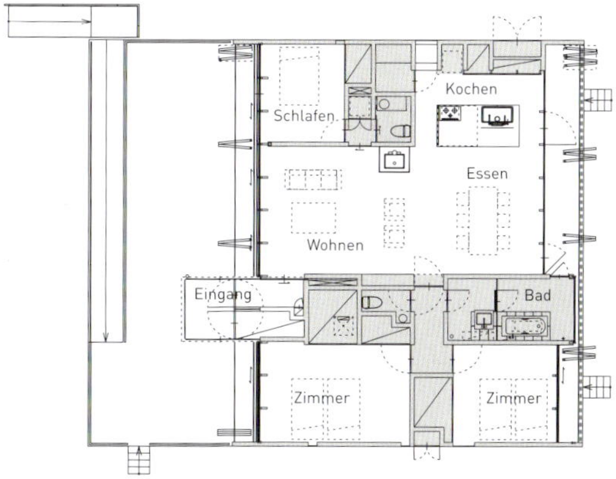

Grundriss

ASYMMETRISCH AUFGESTOCKT

In einem Ort südlich von München wurde aus einem kleinen, 1958 errichteten Häuschen mit kaum nutzbarem Walmdach ein modernes, großzügiges Wohngebäude. Durch einen Kunstgriff der Architekten entstand oben viel zusätzlicher Raum fürs Schlafen, Arbeiten und für Gäste: Sie ließen den bestehenden flachen Dachstuhl abbrechen und ab dem Erdgeschoss als asymmetrisches, steil geneigtes Satteldach neu aufbauen (4). Der Grundriss wurde auf beiden Ebenen komplett verändert. Einen Großteil der aufwendigen Abbrucharbeiten erledigte der Bauherr sogar in Eigenregie. Das früher verschachtelte und in »Neu-Barock« ausgekleidete Erdgeschoss präsentiert sich nun als Einraum, wobei die Wohn-, Koch- und Esszone sinnvoll untergliedert, aber mittels Durchbrüchen verbunden sind (1/2). Die Sonne dringt bis weit in die Räume vor, bei geschlossenen Schiebeläden zaubert deren durchbrochene Struktur ein lebendiges Lichtspiel. Der hellgraue Estrichboden und die weiß verputzten Wände unterstreichen die Einheitlichkeit und Durchgängigkeit der Räume (1/2). Auch außen zeigt sich das Gebäude mit der sich über Dach- und Wandflächen ziehenden, anthrazitfarbenen Faserzementverkleidung betont einheitlich (4), und die in einem Goldton beschichteten Klapp-Schiebeläden aus Metallgeflecht fügen ein leichtes und spannendes Moment hinzu (3). Die angenehme Ausstrahlung des Hauses wird durch den liebevoll angelegten Garten mit Schwimmteich vervollständigt (4).

WICHTIGE BAUDATEN

Bauaufgabe: Komplettumbau/Teilneubau für ein Ehepaar
Standort: bei München
Bauzeitraum: 2008–2009 (10 Monate)
Grundstücksgröße: ca. 807 m^2
Wohnfläche: 147,5 m^2 zuzüglich 77,5 m^2 Nutzfläche (Keller) und 60 m^2 Terrassen
Bruttorauminhalt (BRI): 828 m^3
Bauweise: massiv (Ziegelmauerwerk, neu gedämmt und verkleidet/verputzt; Keller: Stahlbeton, gedämmt)
Energiekonzept: Gas-Brennwerttherme, wasserführende Scheitholzheizung im Wohnraum, Solarkollektoren
Heizenergiebedarf/Jahr (nach EnEV): 68 kWh/m^2
Gesamtkosten: keine Angaben

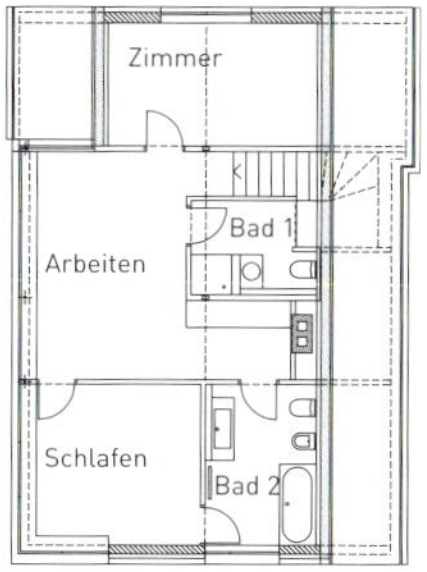

Obergeschoss

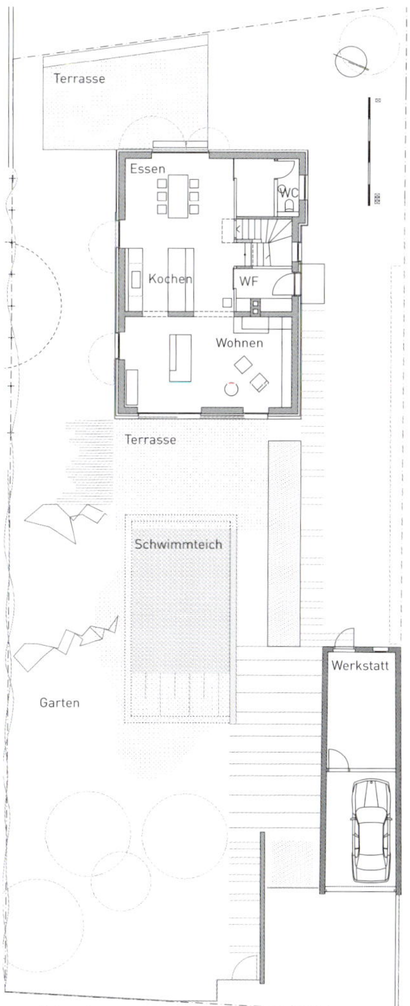

Erdgeschoss

4

ÄSTHETISCH UND GÜNSTIG IM QUADRAT

1

2

Wer besonders günstig bauen möchte, muss sich von mancher Utopie, nicht aber vom Wunsch nach guter Architektur verabschieden. Der Kaufbeurer Architekt Roland Niedermeier hat beim eigenen Wohnhaus Kosten und Ästhetik bestens in Einklang gebracht. Die kompakte, clever strukturierte Würfelform sieht gut aus und spart zudem Energie (3). Kostenfreie Wärme spendet die Sonne über die dreischeibigen Verglasungen im Süden (1–3) und über Solarkollektoren, eine Lüftungsanlage gewinnt Wärme zurück, und die benötigte Restenergie stellt eine Gas-Brennwerttherme günstig zur Verfügung. Mit einem Heizenergieverbrauch von 32 kWh/m² bewegt sich das holzverschalte Haus trotz geringen finanziellen Aufwands im Niedrigstenergiebereich! Auf einem in den Hang betonierten Untergeschoss wurden in leichter Holzbauweise die zwei Wohngeschosse errichtet, deren Raster so gewählt ist, dass es nach Süden um 4,50 Meter erweitert werden kann. Die Organisation der Innenräume verschenkt keinen Quadratmeter Platz, Zimmergrößen und untergeordnete Funktionen sind auf das notwendige Minimum beschränkt. Die unterste Ebene ist als Einlieger-Einheit konzipiert, die dank der guten Aussicht auch zum Wohnen oder als Büro genutzt werden kann. Ebenerdig und nach Süden orientiert, befinden sich die Funktionen Wohnen, Essen und Kochen (1), darüber die Zimmer der Eltern, Kinder und das Bad untergebracht. Hochwertige Oberflächen aus Massivholz und Schiefer runden den großzügigen Raumeindruck ab.

WICHTIGE BAUDATEN

Bauaufgabe: Neubau für eine Familie mit zwei Kindern
Standort: Kaufbeuren, Bayern
Bauzeitraum: 2006–2007 (11 Monate)
Grundstücksgröße: 691 m²
Wohnfläche: 142 m² zuzüglich 60 m² Nutzfläche im Untergeschoss und 20 m² Terrasse
Bruttorauminhalt (BRI): 729 m³
Bauweise: Wohngeschoss Holzriegel-Bauweise, gedämmt und verschalt, UG massiv (Stahlbeton, gedämmt)
Energiekonzept: kontrollierte Lüftungsanlage mit Wärmerückgewinnung, Solarkollektoren, Gas-Brennwerttherme, passive Nutzung der Solarenergie
Heizenergiebedarf/Jahr (nach EnEV): 32 kWh/m²
Gesamtkosten: 180.000 Euro (zuzüglich Architektenhonorar ca. 18.000 Euro)

3

Schnitt

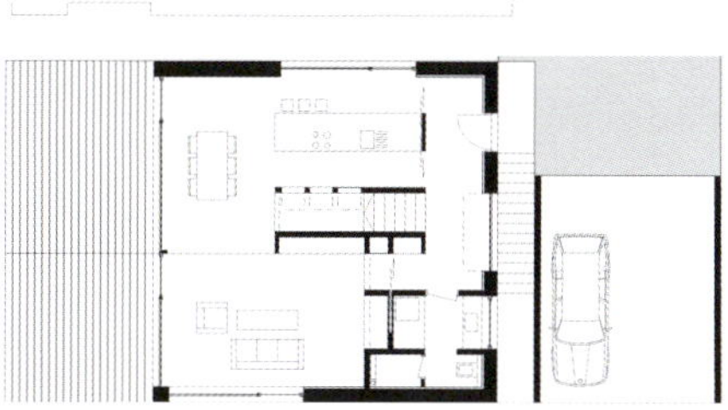

Erdgeschoss

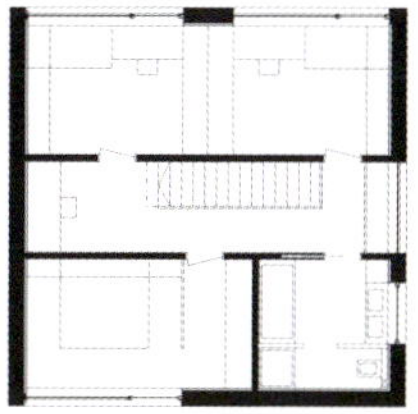

Obergeschoss

KLAUS NOICHL ANGELIKA BLÜML
ARCHITEKTEN, Oberstdorf,
mit PROF. WERNER GIRSBERGER, Kempten
Projektleitung: Klaus Noichl

DAS HANGHAUS

Das weitläufige Grundstück am Dorfrand bot Platz in Fülle, den die Architekten perfekt zu nutzen wussten. Der natürliche Geländeabfall ermöglichte es, von insgesamt drei Geschossen das unterste teilweise in den Hang einzuschreiben und so einen ebenerdigen Eingangsbereich zu schaffen. Zufahrt, Garage und Zugang des Massivholz-Gebäudes liegen auf demselben Niveau am Fuß des Hangs (1/4). Man kommt also ganz unten an, wo sich auch Lager- und Gästezimmer befinden, und steigt dann hinauf zum Wohn- und schließlich zum Schlafgeschoss. Die Giebelseite reckt sich auf filigranen Stahlstützen hoch aus dem Gelände und gewährt den oberen Geschossen einen weiten Ausblick über das Tal der Iller. Zwei durch den Dachüberstand geschützte Balkone ergänzen die Terrasse auf der Südseite, die den Innenraum zum Garten erweitert. Große Verglasungen mit Jalousetten und an der Südfassade montierte Kollektoren nutzen die Kraft der Sonne bestmöglich aus (1). Im Inneren erden dunkle Schieferböden die Räume, das Gegenüber bilden weiße Wände, und helle Naturholzoberflächen zeigen die massive Holzkonstruktion auch nach innen (2). Das als Einraum konzipierte Erdgeschoss strukturiert ein dunkelgrauer, aus eingefärbtem Sichtbeton geformter Ofenblock (3). Er trennt den östlichen Wohn- vom westlichen Ess- und Kochbereich und nimmt darüber hinaus auch sämtliche Versorgungsleitungen zwischen Unter- und Obergeschoss auf. Die großen Verglasungen am Sitz- und am Essplatz sind gleichzeitig Guckfenster, die Blicke durch das Gebäude zulassen.

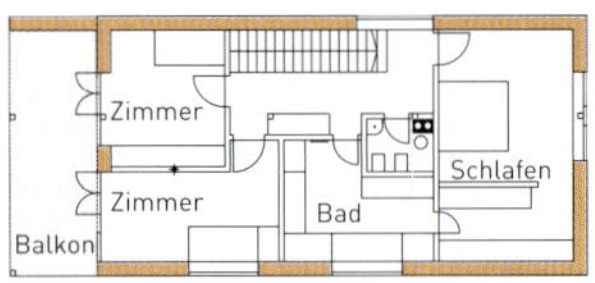

Obergeschoss

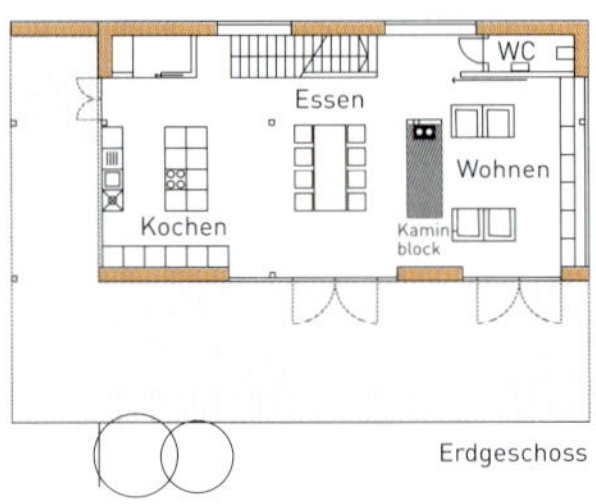

Erdgeschoss

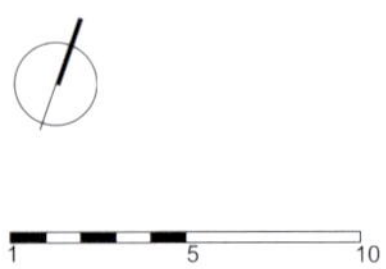

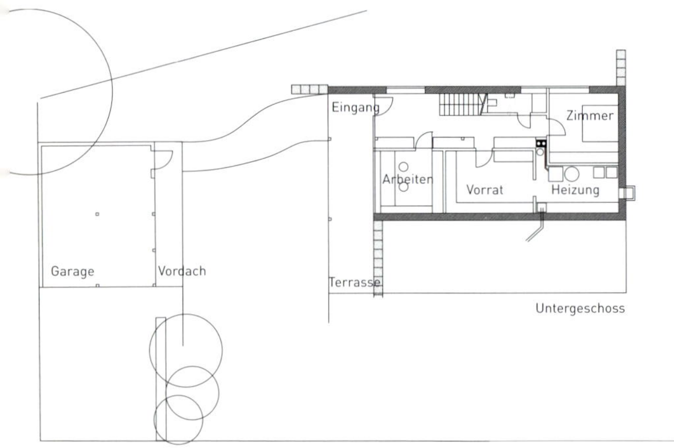

Untergeschoss

WICHTIGE BAUDATEN

Bauaufgabe: Neubau für eine Familie mit Kindern
Standort: bei Memmingen, Bayern
Bauzeitraum: 2008 (4 Monate)
Grundstücksgröße: ca. 1.019 m²
Wohnfläche: 217 m² zuzüglich 88 m² Nutzfläche und 100 m² Terrassen/Balkone
Bruttorauminhalt (BRI): 924 m³
Bauweise: Holzmassivbau aus Weißtannenbohlen, Keller Stahlbeton
Energiekonzept: Gas-Brennwerttherme, Solarkollektoren
Heizenergiebedarf/Jahr (nach EnEV): 63,5 kWh/m²
Gesamtkosten: 490.000 Euro

1

2

3

4

1

2

ÖKO-PASSIVHAUS MIT ARCHITEKTUR-MEHRWERT

Die Zeiten hüttenähnlicher Ökohäuser sind längst passé. Bestes Beispiel hierfür ist das von passivhaus-eco ® entworfene, architektonisch wie ökologisch vorbildhafte Passivhaus, das nicht nur durch seine hervorragenden Luftdichtheits- und Dämmwerte besticht: Obwohl der Bebauungsplan keine optimale Südausrichtung zuließ, konnte durch die sechseckige Form eine sehr gute passive Nutzung der Sonnenenergie und ein gutes A/V-Verhältnis (also von Außenoberflächen zum Gebäudevolumen) erreicht werden (3). Eine kontrollierte Lüftungsanlage temperiert die Luft, für Heizung und Warmwasser sorgen ein Pellet-Primärofen und rund 8 Quadratmeter Vakuum-Röhrenkollektoren; später soll das Gebäude durch eine Photovoltaikanlage sogar zum Plusenergiehaus werden.
Eine ökologische Dämmung aus boratfreier Zellulose und Holzfaserplatten, Massivholzbeläge und Silikatfarben machen das Leben im Haus zum wohngesunden Erlebnis. Darüber hinaus überzeugen die Innenräume mit ihrem großzügigen Charakter. Offen mit dem Treppenraum verknüpft, schließen Wohn-, Ess- und Kochbereich im Obergeschoss aneinander an, Wandscheiben gliedern die Einraumstruktur (2). Selbst die abgesetzte Küche ist durch gezielt platzierte Blickschlitze mit dem übrigen Raum verbunden (2). Die großflächigen Verglasungen schaffen fast nahtlose Übergänge zum Balkon und zur Dachterrasse, die sich auf dem brückenähnlich verbundenen Anbau befindet (1). Eine extensive Begrünung, versickerungsfähige Beläge und eine Regenwasserzisterne runden das konsequente Ökokonzept ab.

WICHTIGE BAUDATEN

Bauaufgabe: Neubau für eine Familie mit zwei Kindern
Standort: bei Weißenburg, Mittelfranken
Bauzeitraum: 2008–2009 (6 Monate)
Grundstücksgröße: 893 m²
Wohnfläche: 188 m² zuzüglich 119 m² Terrassen
Bruttorauminhalt (BRI): 785 m³ (nur Wohnhaus)
Bauweise: Wohnhaus Holzrahmenkonstruktion, hoch gedämmt und verschalt (Faserzementplatten/Holz)
Energiekonzept: Pelletprimärofen mit Wasserwärmetauscher, 8,3 m² Solarkollektoren, passive Solarenergienutzung, kontrollierte Lüftungsanlage mit Wärmerückgewinnung (92 %); Photovoltaik vorbereitet
Heizenergiebedarf/Jahr (nach PHPP): 15 kWh/m² (Passivhausstandard)
Gesamtkosten: keine Angaben

3

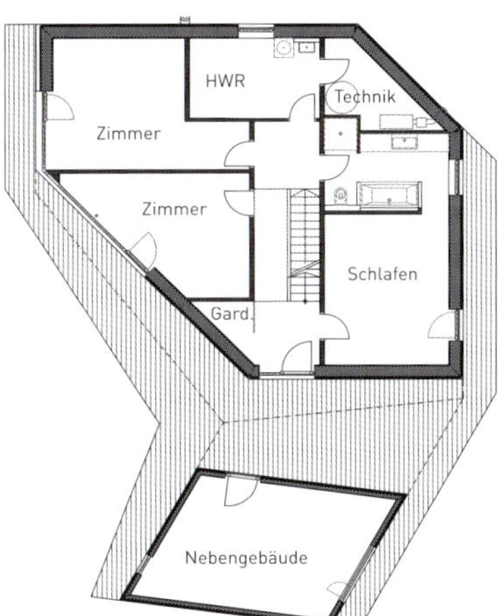

Erdgeschoss

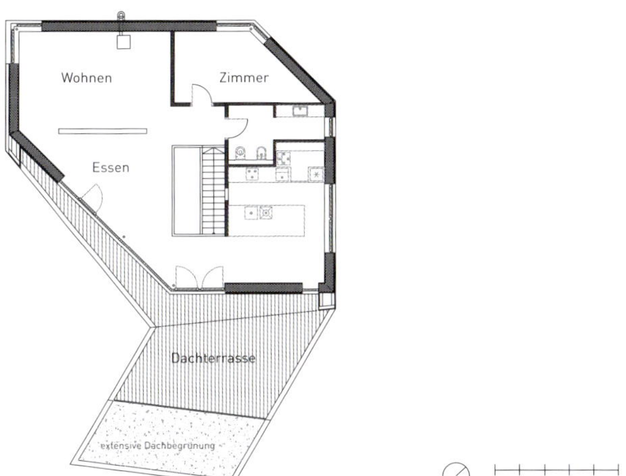

Obergeschoss

PASSIVHAUS IM WEISSEN KLEID

Obergeschoss

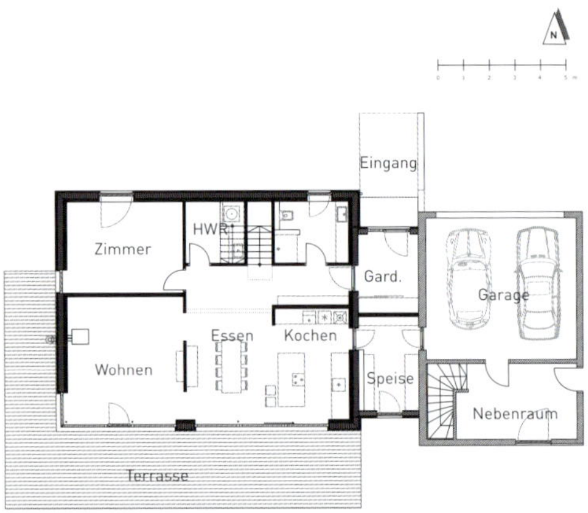

Erdgeschoss

Spitzdachhäuser prägen das Bild der meisten Siedlungsgebiete. Leider erreichen sie häufig weder ein hohes ästhetisches noch energetisches Niveau. Bei diesem Haus in Mittelfranken aber vereint sich eine geradlinige, überlegt gegliederte Form mit höchster Nachhaltigkeit. Der großenteils weiß verputzte Baukörper ohne Dachüberstand verzichtet auf unnötige »Gimmicks« wie Erker oder ausladende Gauben (1). Stattdessen entstand aus Quadern und Dreieckskörpern ein kompaktes und somit hinsichtlich Baukosten wie auch Energieverbrauch sparsames Passivhaus. Der verbleibende Energiebedarf wird über einen im Wohnraum platzierten Pelletsofen (2), Solarkollektoren auf dem Dach und eine kontrollierte Wohnraumlüftung gedeckt. Zur ausgezeichneten Umweltbilanz tragen außerdem eine Dämmung aus boratfreier Zellulose und Holz-Weichfaserplatten, Massivholzböden sowie diffusionsoffene Putze und Farben bei, die neben der Lüftungsanlage für ein angenehmes Wohnraumklima sorgen. Anfallender Regen wird zudem in einer großen Zisterne gesammelt und als Brauchwasser eingesetzt. Zur hohen Qualität in Sachen Gestaltung und Nachhaltigkeit kommt ein genau durchdachter Grundriss, der die Hauptaufenthaltsräume zur Sonne und zum Garten öffnet. Ein unbeheizter Zwischenbau mit Eingangsbereich, Garderobe und Speisekammer, der wie einige Fensterpartien mit Thermo-Kiefer verschalt ist (5), fungiert als Wärmepuffer zur Garage. Darüber befinden sich die privaten Bereiche von Kindern und Eltern.

WICHTIGE BAUDATEN

Bauaufgabe: Neubau für eine Familie mit zwei Kindern
Standort: Lauf a. d. Pegnitz, Bayern
Bauzeitraum: 2009 (5 Monate)
Grundstücksgröße: ca. 840 m²
Wohnfläche: 192 m²
Bauweise: Holzrahmenkonstruktion
Energiekonzept: Pelletsprimärofen mit Wasserwärmetauscher, Solarkollektoren, kontrollierte Be- und Entlüftung mit Wärmerückgewinnung und Erdwärmetauscher
Heizenergiebedarf/Jahr: 14 kWh/m²
Gesamtkosten: keine Angaben

2

3

4

5

1

2

WOHN- UND ATELIERHAUS IN WILDEM GARTEN

In einem gut durchgrünten Baugebiet aus den 1930er- bis 1950er-Jahren hatten die Bauherren ein attraktives Grundstück gefunden, dessen Charakter man in das neue Heim einbeziehen wollte. Unterzubringen war Wohnraum für die Familie mit drei Kindern sowie die Räume des Goldschmiedeateliers der beiden Bauherren Gitta Pielcke und Erich Zimmermann. Erhalt und Erweiterung des vorhandenen kleinen Häuschens wurden eingehend geprüft, aber letztlich verworfen. Der Vorschlag des Architekten Andreas Petermann, stattdessen zwei aneinander gekoppelte und doch getrennte Teilbaukörper mit Unterkellerung zu schaffen, fand sofort die Zustimmung der Bauherren. Auch über die Architektursprache war man sich schnell einig, und es entstand ein weiß verputzter Flachdach-Kubus aus massivem Mauerwerk, der in Kontrast zum vollkommen erhaltenen, wilden Garten tritt (3). Atelier- und Wohnteil formen zusammen eine von der Straße abgeschirmte Zone für eine große Terrasse mit gedecktem Sitzplatz (2). Diese ist, ebenso wie ihr Gegenstück auf dem Dach des Ateliertrakts, als »Zimmer im Freien« gedacht und mit dem Wohn-, Ess- und Kochraum direkt verbunden (2). Eine Treppe mit frei auskragenden Stufen geleitet in das obere Geschoss mit Elternbereich und Kinderzimmern. Innen wie außen verleiht die planvolle Beschränkung der Materialien und Oberflächen – massive, geölte Eiche, weißer Filzputz, Beton und Eisenglimmer – dem Haus eine hohe gestalterische Einheitlichkeit (1–3).

WICHTIGE BAUDATEN

Bauaufgabe: Neubau eines Wohnhauses mit Atelierbereich für eine Familie
Standort: Augsburg
Bauzeitraum: 2009–2010 (15 Monate)
Grundstücksgröße: 864 m²
Wohnfläche: 171 m² zuzüglich 221 m² Nutzfläche und 121 m² Terrassen
Bruttorauminhalt (BRI): 1.576 m³
Bauweise: massiv (Porenbetonmauerwerk, gedämmt und verputzt bzw. Stahlbeton, im UG gedämmt)
Energiekonzept: Grundwasserwärmepumpe, Solarkollektoren, kontrollierte Be- und Entlüftung mit Wärmerückgewinnung
Heizenergiebedarf/Jahr (nach EnEV): 13,4 kWh/m²
Gesamtkosten: keine Angaben

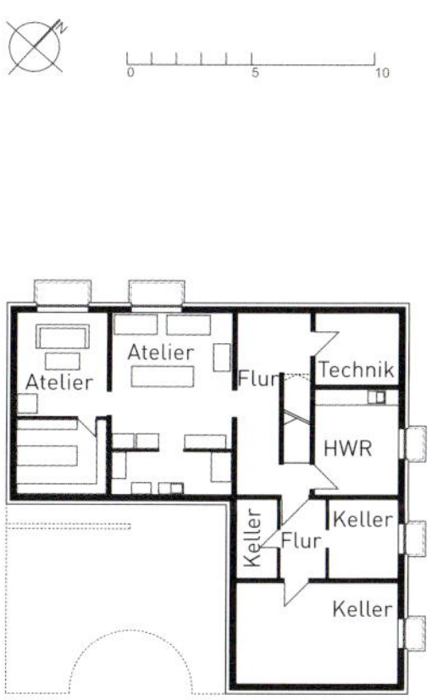

Untergeschoss

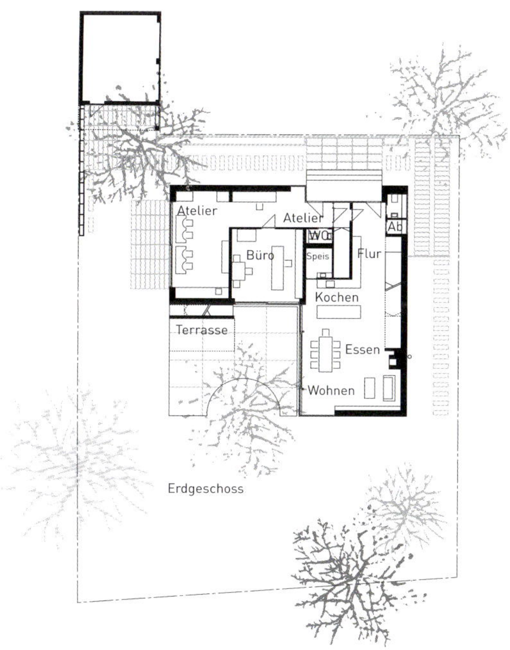

Erdgeschoss

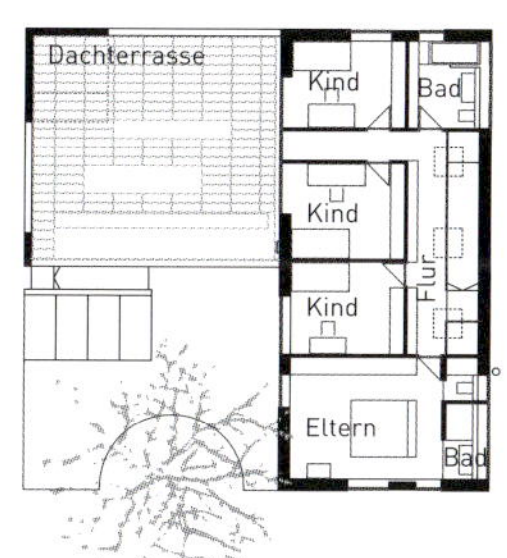

Obergeschoss

SCHLICHTER HOLZWÜRFEL IN ASIATISCHEM GARTEN

1

2

Größte Klarheit zu erreichen, ist in der Architektur eine schwierige Aufgabe. Der Architekt Andreas Petermann wählte dazu für sein eigenes Heim die Form eines Würfels, den er auf drei Seiten symmetrisch in vier Felder unterteilte (3). Die vierte, die Eingangsseite im Norden ist hochgeschlossen, um die Wärme im Haus zu halten und zur Straße hin Privatheit zu gewährleisten. Mit dem Öffnen und Schließen von Schiebeläden nimmt das Gebäude eine jeweils andere Erscheinung an, in den Räumen entstehen bei Sonnenschein reizvolle Licht- und Schattenspiele. Der auf Durchgängigkeit angelegte Grundriss mit wenigen Trennwänden und die großen, entgrenzenden Verglasungen lassen die eher bescheidene Wohn- und Nutzfläche von etwa 100 Quadratmetern weit größer wirken (1). Konzentriert angeordneter Stauraum und die perfekte Platzausnutzung schaffen eine ruhige Atmosphäre. Im Erdgeschoss gibt es nur einen einzigen Raum zum Wohnen, Essen und Kochen, eine Toilette ist geschickt unter die Treppe eingepasst (2). Oben befinden sich das Architekturbüro sowie das Schlaf- mit Badezimmer.
Die kleine Kubatur mit nahezu optimalem Verhältnis von Außenflächen zum Raumvolumen sorgt für einen sehr geringen Energieverbrauch. Als Heizzentrale wurde die im Haus der Schwester nebenan »angezapft«, Solarkollektoren auf dem Carport liefern zusätzliche Wärme. Die Abrundung der Architektur gelang der Lebenspartnerin des Architekten, der Landschaftsarchitektin Manuela Wolff, die einen wunderbar kontemplativen, asiatisch inspirierten Garten dazu komponiert hat (3).

WICHTIGE BAUDATEN

Bauaufgabe: Neubau für zwei Personen
Standort: Augsburg
Bauzeitraum: 2006–2007 (8 Monate)
Grundstücksgröße: 796 m²
Wohn- und Nutzfläche: 103 m² zuzüglich 34 m² Terrassen
Bruttorauminhalt (BRI): 430 m³
Bauweise: Holzrahmenkonstruktion
Energiekonzept: Anschluss an die Heizzentrale des Nachbarhauses, Solarkollektoren
Heizenergiebedarf/Jahr: 59,9 kWh/m²
Gesamtkosten: 119.500 Euro (inklusive Honorare, Steuern und Nebenkosten, ohne Architektenhonorar)

3

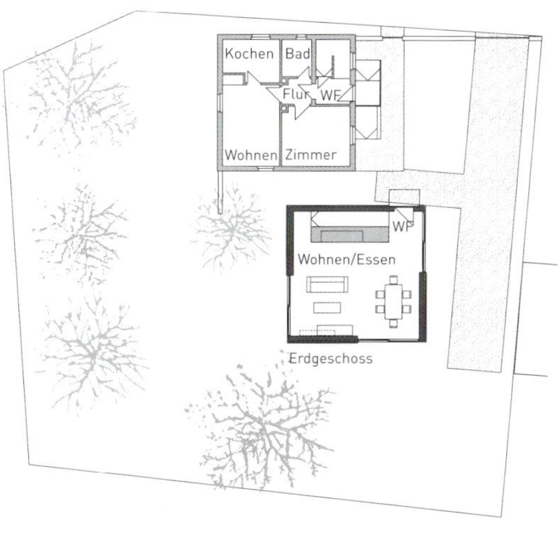

Erdgeschoss

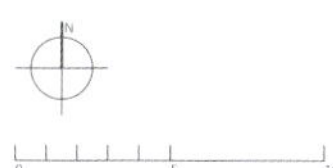

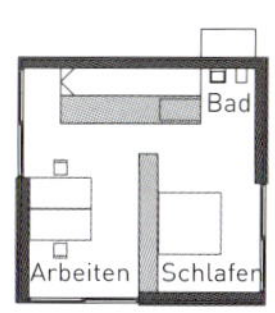

Obergeschoss

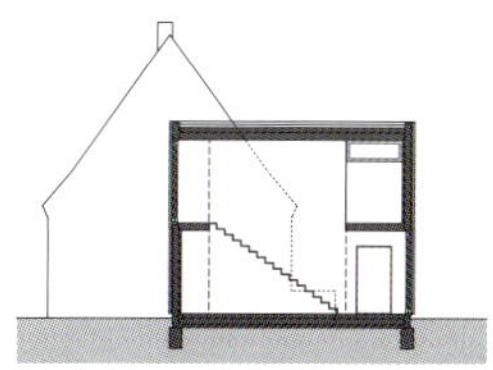

Schnitt

ATRIUMHAUS MIT LANDSCHAFTSBLICK

1

2

3

Atrien verleihen Gebäuden Intimität, schaffen Geschlossenheit und verbinden durch die Hofsituation die Teilbereiche. Dies war dem Architekten Andreas Volkmar und seiner Frau beim Bau ihres eigenen Hauses wichtig. Hinzu kam, dass durch die gewählte Bauform die bevorzugte Dorfrandlage mit freiem Blick in die Landschaft der Fränkischen Schweiz besonders wirkungsvoll in Szene gesetzt werden konnte. Zur Straße hin zweigeschossig, öffnet sich der U-förmige Flachdach-Bungalow nach Süden (4). Während die Nord- und Westfassaden durch den Eingangsvorbau, die Eck-Loggia und die rot markierte Wellnesszone mehrfach untergliedert sind (1), zeigt sich das Haus von Süden betont schmucklos in weißem Putzkleid, was die Symmetrie und Klarheit der Architektur noch unterstreicht (4). Das Atrium selbst ist mit seiner Gestaltung aus Betonplatten, Kies und punktuell eingesetzten Pflanzen ebenfalls auf Geradlinigkeit bedacht, das Haus und die Blickbeziehungen durch den Innenhof kommen so am besten zur Geltung (4). Nördlich gruppieren sich neben dem Gästetrakt primär Funktionsräume und Erschließungsbereiche, im als Einraum konzipierten Osttrakt wird gekocht, gegessen und gewohnt (2/3). Hier öffnet sich das Haus bewusst zur Sonne und auch zum Atrium, die großen Glasflächen verbinden Innen- und Außenraum (3). Der westliche Flügel besitzt mit Schlafzimmer, Ankleide, Bad und Kinderzimmer einen eher introvertierten Charakter, was sich unter anderem an den kleineren Fassadenöffnungen ablesen lässt.

WICHTIGE BAUDATEN

Bauaufgabe: Neubau für eine Familie mit Kind
Standort: Weißenohe, Oberfranken
Bauzeitraum: 2008–2009 (7 Monate)
Grundstücksgröße: 868 m²
Wohnfläche: 169 m² zuzüglich 16 m² Nutzfläche und 37 m² Terrasse
Bruttorauminhalt (BRI): 851 m³
Bauweise: massiv, gedämmt und verputzt, Eingangsgeschoss und Decken Stahlbeton
Energiekonzept: Sole-Wasser-Wärmepumpe mit Erdkollektoren; Solarkollektoren und Photovoltaik vorbereitet
Heizenergiebedarf/Jahr: 57,4 kWh/m²
Gesamtkosten: keine Angaben

4

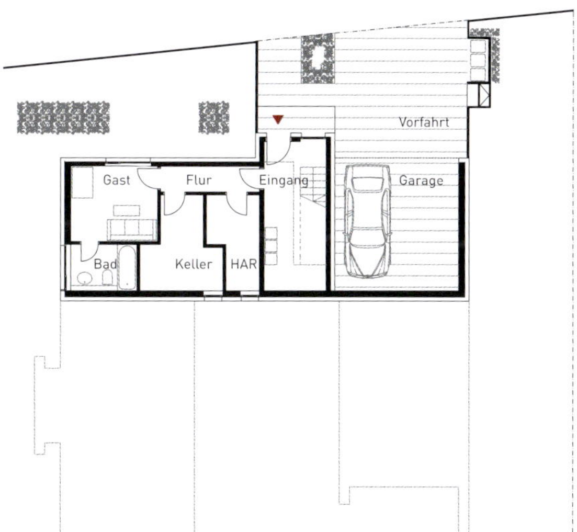

Eingangsgeschoss

Wohngeschoss

1

2

AUSSEN KANTIG, INNEN SCHWUNGVOLL

Klarheit der äußeren Form ist vorbildhaft im Verständnis der klassischen Moderne – und in jedem Fall langlebig. Die Münchner Architekten Isabella Leber und Martin Pool verstanden es, in einer Gartenstadt aus den 1930er-Jahren ein ebenso unprätentiöses wie formal klares Spitzdachhaus zu entwerfen, das sich nicht zuletzt mit seinem fast quadratischen Grundriss an die Einfachheit der alten Spitzgiebel- und Walmdachgebäude (»Kaffeemühlen«) in der Nachbarschaft anlehnt (2/4). Darüber hinaus ist es auch der Umgang mit den Einzelheiten, der zum überzeugenden Gesamteindruck führt. Abmessungen und Fassadenausschnitte sind rundum gut proportioniert, einige über die Gebäudekanten laufende Verglasungen verhindern gestalterische Starrheit (4). Jede Hausseite besitzt ihr eigenes, überaus klar strukturiertes Antlitz, die geölten Lärchenholzfenster harmonieren perfekt mit den weißen Putzoberflächen (2/4).
Im Inneren überrascht ein ebenso organischer wie durchdachter innenarchitektonischer Gestus, wobei die geschwungene Treppenbrüstung als zentrales Element der Gestaltung gelten kann (3). Die eher kleinen Räume werden vor allem im Erdgeschoss durch möglichst viele Blickbezüge, einen Höhenunterschied Richtung Garten und teils großflächige Verglasungen entgrenzt (1). Gezielt in die Planung einbezogen, überzeugt nicht zuletzt die Lichtführung, die eine optimale Helligkeitsverteilung zwischen den Geschossen wie auch innerhalb der Wohnebenen gewährleistet (1).

WICHTIGE BAUDATEN

Bauaufgabe: Neubau für eine Familie mit Kindern
Standort: München
Bauzeitraum: 2007 (10 Monate)
Grundstücksgröße: 582 m²
Wohnfläche: 155 m² zuzüglich 55 m² Nutzfläche und 35 m² Terrassen/Balkone
Bruttorauminhalt (BRI): 790 m³
Bauweise: Ziegelmauerwerk, gedämmt und verputzt
Energiekonzept: Wärmepumpe als Zentralheizung, passive Nutzung der Solarenergie
Heizenergiebedarf/Jahr (nach EnEV): 55,47 kWh/m²
Gesamtkosten: 365.000 Euro (ohne Einbauten)

3

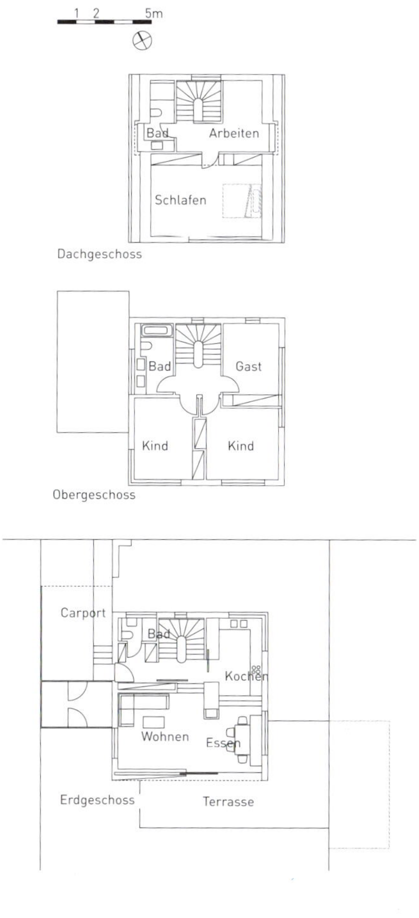
1 2 5m
Bad
Arbeiten
Schlafen
Dachgeschoss
Bad
Gast
Kind
Kind
Obergeschoss
Carport
Bad
Kochen
Wohnen
Essen
Erdgeschoss
Terrasse

4

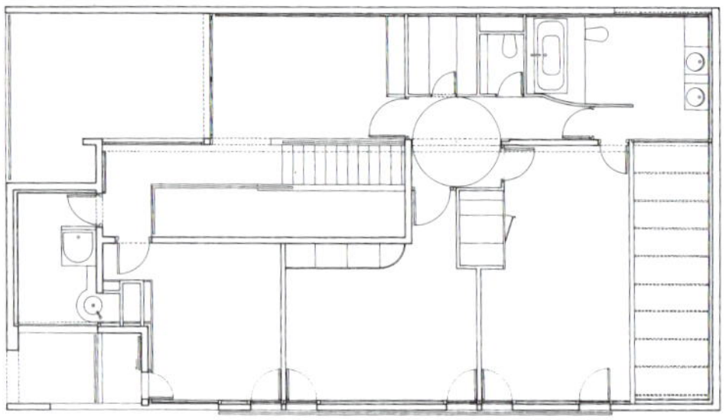

Obergeschoss

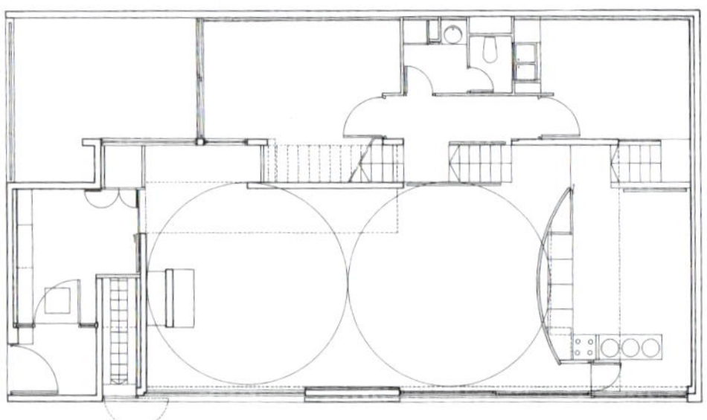

Erdgeschoss

SPIEL MIT DEN GEGENSÄTZEN

In der urbanen Randzone von Paris wünschten sich die Bauherren ein außergewöhnliches Wohnhaus mit intimer Wohnatmosphäre und eigenem Garten. Alle Wünsche wurden vom Pariser Architekturbüro Richard + Schoeller erfüllt: Durch eine hohe Mauer vom Nachbargrundstück getrennt, entstand ein komplexes Raumgebilde mit introvertiertem, aber freundlichem Wesen, das im angeschlossenen Garten seine extrovertierte Seite »ausleben« kann (4). Von der schmalen Straße aus organisiert, wo sich sowohl die Hofeinfahrt als auch der Eingang befinden (1/4), reihen sich auf unterschiedlichen Niveaus drei Erschließungsstränge. In die Gesamtkubatur ist neben dem Einfahrtshof ein an den Eingang anschließendes Atrium eingepasst, das durch ein Dachfenster sanftes Licht erhält.
Dachverglasungen sind hier überhaupt ein wichtiges Mittel, um die nahe Nachbarbebauung auszublenden und doch eine vorzügliche natürliche Belichtung der Räume zu gewährleisten (3). Zentraler Aufenthaltsplatz der Familie ist der Wohnraum mit offenem Kamin, der die innenarchitektonische Konzeption mit »kaltem« Sichtbeton, warmem Massivholzboden aus Iroko und mildem Tageslicht bestens verkörpert (3). Der Garten entstand als weitere Atrium-artige Komponente, der Sichtbeton der Eingangsfassade wird entlang der Straße als Gartenmauer weitergeführt (1). Große Kreuzsprossenfenster im Obergeschoss (1) und eine Panoramaverglasung zwischen Erdgeschoss und Garten dienen der visuellen Kommunikation zwischen Innen- und Außenraum.

WICHTIGE BAUDATEN

Bauaufgabe: Neubau für eine Familie mit zwei Kindern
Standort: Vanves bei Paris/Frankreich
Grundstücksgröße: ca. 520 m²
Wohnfläche: 250 m² zuzüglich 30 m² Terrassen
Bruttorauminhalt (BRI): 900 m³
Bauweise: massiv (Sichtbeton)
Energiekonzept: Gas-Brennwerttherme als Zentralheizung
Heizenergiebedarf/Jahr: ca. 70 kWh/m²
Gesamtkosten: keine Angaben

2

3

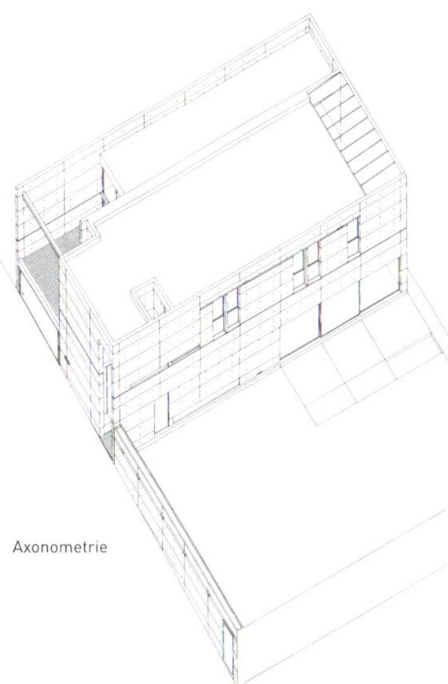
Axonometrie

4

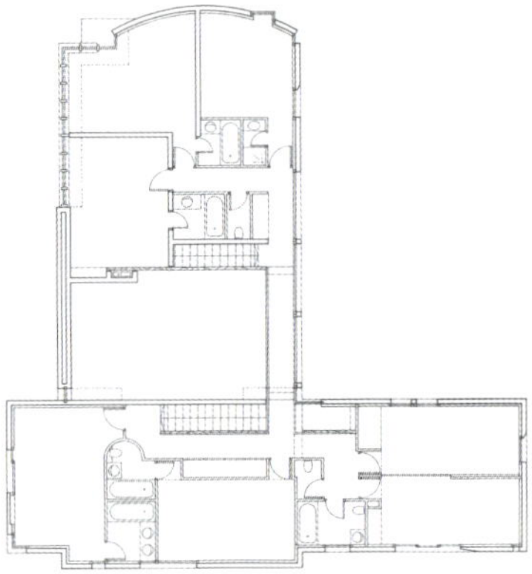

Obergeschoss

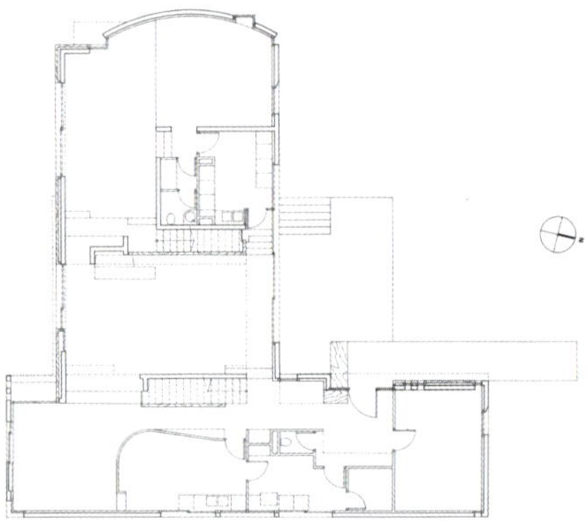

Erdgeschoss

NATUR UND LICHT AUF BRETONISCH

Mitten in der Natur zu bauen erfordert viel Gespür. Gespür für die Atmosphäre und deren Umsetzung mit architektonischen Mitteln. Die Pariser Architekten Richard + Schoeller entwarfen an der bretonischen Küste ein großes Wohngebäude aus zwei quaderförmigen Teilkörpern, das sich perfekt in die dicht bewaldete Anhöhe einfügt und doch eine ausgeprägte Eigenständigkeit bewahrt (2). Von West nach Ost ansteigend, spiegelt sich der Geländeverlauf in den Split-Level-Strukturen der Räume (4/5). Die zwei Baukörper bilden einen rechten Winkel, der einen vom Meer abgewandten geschützten Innenhof mit Zugangsbereich umfasst (1). Regionaltypische Materialien wie Schiefer, Sandstein und Birkenholz verschmelzen mit Stahl und Stahlbeton (2). Bestimmende Elemente für den Entwurf sind die Sonne beziehungsweise das Licht und die Landschaft. Schiefer- und Betonmauern, vorgerosteter Stahl und Glas prägen Fassaden und Innenarchitektur (1/2/4/5), fließende Raumstrukturen transponieren die den Ort prägenden Bewegungen des Windes, der Bäume und der Wellen in das Haus (4/5). Mit Bedacht gesetzte und dimensionierte Öffnungen rahmen die Landschaft, setzen Meer, Flüsse und Wald in Szene und nutzen das Licht für die stimmungsvolle Belichtung der Innenräume wie auch für die Betonung der vertikalen und horizontalen Durchgängigkeit (1–3). Der Charakter des Lichts verändert sich mit dem Wechsel der Tages- und Jahreszeit, des Wetters und der Sonneneinstrahlung.

WICHTIGE BAUDATEN

Bauaufgabe: Neubau für eine Familie mit drei Generationen
Standort: Carantec, Morlaix, Bretagne/Frankreich
Bauzeitraum: 2008 (12 Monate)
Grundstücksgröße: ca. 20.000 m²
Wohn- und Nutzfläche: 260 m² zuzüglich 100 m² Terrassen
Bruttorauminhalt (BRI): 950 m³
Bauweise: massiv (Sichtbeton und Schiefer); doppelwandige, kerngedämmte Konstruktion
Energiekonzept: Gas-Brennwerttherme als Zentralheizung
Heizenergiebedarf/Jahr: ca. 60 kWh/m²
Gesamtkosten: ca. 314.000 Euro

2

3

4

5

RIEPL KAUFMANN BAMMER ARCHITEKTUR,
Wien/Österreich
Projektleitung: Daniel Bammer

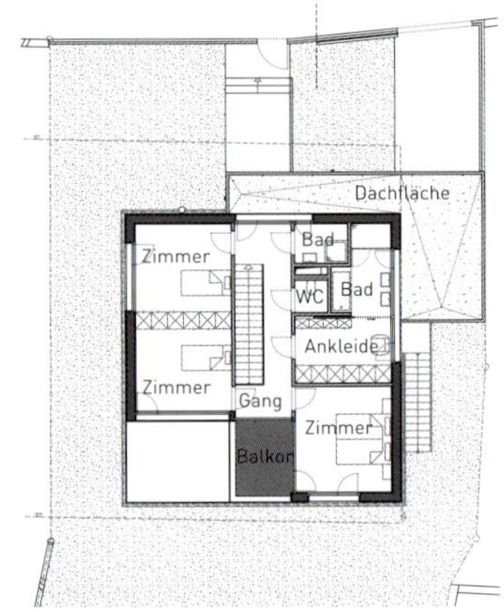

Obergeschoss

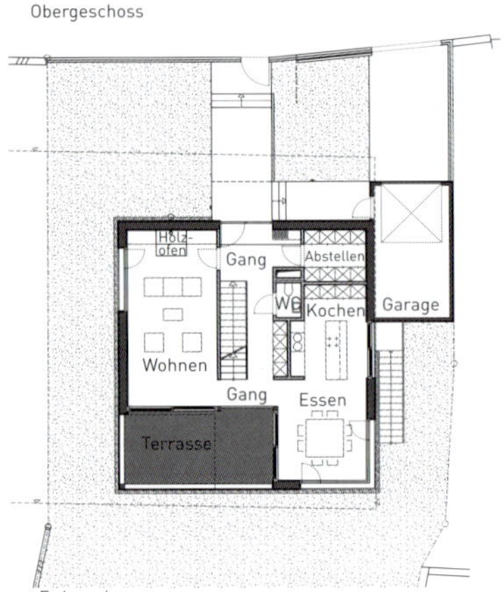

Erdgeschoss

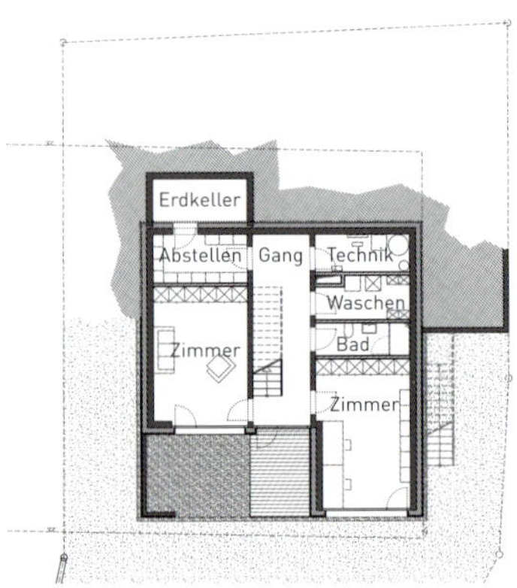

Untergeschoss

EIN KUNSTVOLL PERFORIERTER HOLZWÜRFEL

Private Wettbewerbe sind selten und mit Kosten verbunden, aber dennoch sehr empfehlenswert. Kann der Auftraggeber aus mehreren Entwürfen wählen, erhält er mit großer Sicherheit sein persönliches Traumhaus. Hier ging es um die Planung eines energieeffizienten Einfamilienhauses auf einem Hanggrundstück im Stadtgebiet von Wien. Das Büro Riepl Kaufmann Bammer Architektur überzeugte die Bauherrschaft in allen Belangen und erhielt den Planungsauftrag. Es entstand ein an sich streng kubischer Baukörper aus Holz, der aber vielfach aufgeschnitten ist und sowohl seitlich als auch zum Himmel ausgreift (1). Grundriss und Innenraumgestaltung sind demgegenüber eher traditionell, zugleich klar und schlicht: vom nördlichen Eingang im Erdgeschoss kommend geht es rechts zum Wohn-, links zum Koch- und Essbereich (3), darüber sind die Zimmer der Eltern und der Kinder mit eigenen Bädern untergebracht (2). Das Untergeschoss beherbergt neben Lager und Technik einen zusätzlichen Wohnraum und ein Gästezimmer. Gegenüber der Nachbarschaft nach Süden gerückt, bieten sich im Haus durch Ein- und Aufschnitte und Terrassen außergewöhnliche Blickbeziehungen, die Architektur wird ungeachtet der hölzernen Hülle transparent. In einigen Partien zieht sich die Holzlatten-Verkleidung schirmartig über Fassadenöffnungen und erzeugt so eine vielgestaltige Wahrnehmung von Innen und Außen (1/4). Spannungsvoll wechselnde Lichtreflexe und Lichtstimmungen prägen das Raumempfinden.

WICHTIGE BAUDATEN

Bauaufgabe: Neubau für eine Familie mit ein bis zwei Kindern
Standort: Wien/Österreich
Bauzeitraum: 2009–2010 (8 Monate)
Grundstücksgröße: ca. 720 m²
Wohn- und Nutzfläche: 217 m² zuzüglich 47 m² Terrassen
Bruttorauminhalt (BRI): 891 m³
Bauweise: Erd- und Obergeschoss Holzkonstruktion, Untergeschoss Stahlbeton
Energiekonzept: Passivhaustechnik; Wärmepumpe mit kontrollierter Be- und Entlüftung
Heizenergiebedarf/Jahr: 13,5 kWh/m² (Passivhausstandard)
Gesamtkosten brutto: ca. 700.000 Euro

1

2

3

4

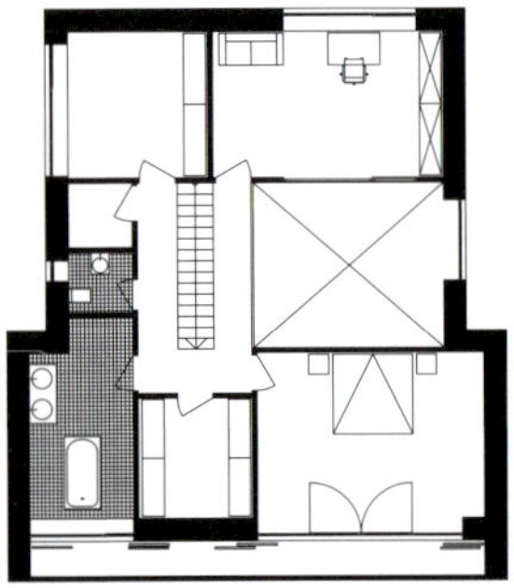

Obergeschoss

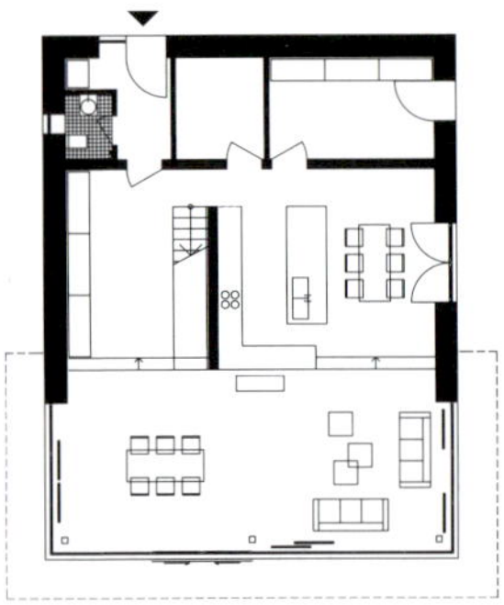

Erdgeschoss

DIE SCHWEBENDE LOGGIA

Blau blühende Lavendelbeete und Wasserbassins bilden den Rahmen für ein modernes Loggia-Haus mit Passivhausstandard (2). Anders als seine Vorbilder aus der Renaissance nicht im mediterranen Raum, sondern nahe der niederländischen Grenze verortet, zeigt sich das Plusenergiehaus ästhetisch wie energietechnisch ganz auf der Höhe der Zeit. Dank des über Dachkollektoren selbst erzeugten Solarstroms wird insgesamt mehr Energie produziert als verbraucht. Die Loggia im Obergeschoss ermöglicht, wie ihre historischen Vorbilder, ein Leben im Freien und schützt vor Witterungseinflüssen. Der auskragende, mit Lärchenholzleisten verschalte Balkon bewahrt das Obergeschoss und das Erdgeschoss zugleich vor sommerlicher Überhitzung (2). Die Wohnebene darunter ist nach Süden und Südwesten so großzügig verglast, dass die Schlaf- und Arbeitsebene darüber fast zu schweben scheint (1/2/4). Und damit nicht genug, sorgt diese hohe Transparenz in der kalten Jahreszeit auch für hohe passive Energiegewinne, zumal dreischichtige Passivhausverglasungen eine Auskühlung der Räume wirkungsvoll verhindern. Auf der Nordseite präsentiert sich das Gebäude geschlossen, jedoch nicht weniger einladend.

Im Wohnraum sorgt ein Pelletofen gemeinsam mit der kontrollierten Be- und Entlüftung in der kalten Jahreszeit für Wärme. Wohn- und Esszone sind nach Süden orientiert (4) und ebenso wie der erhöhte, hallenartige Kochbereich (3) von natürlichem Licht durchflutet. Nach Süden richtet sich der Blick über den Garten und die ebene, freie Landschaft fast ins Unendliche (1).

WICHTIGE BAUDATEN

Bauaufgabe: Neubau für ein niederländisches Paar
Standort: Selfkant, Nordrhein-Westfalen
Bauzeitraum: 2007 (11 Monate)
Grundstücksgröße: 749 m²
Wohnfläche gesamt: 204 m² zuzüglich 56 m² Terrassen
Bruttorauminhalt (BRI): 1.054 m³
Bauweise: Porenbeton, gedämmt und verklinkert, südseits Pfosten-Riegelfassade, verschalt
Energiekonzept: kontrollierte Be- und Entlüftung mit Wärmerückgewinnung, Pelletofen im Wohnraum, Kompakt-Wärmepumpe, Photovoltaik (24,8 m²)
Heizenergiebedarf/Jahr (nach PHPP): 15 kWh/m²
Gesamtkosten: keine Angaben

2

3

4

WIE EIN WEISSER KEIL

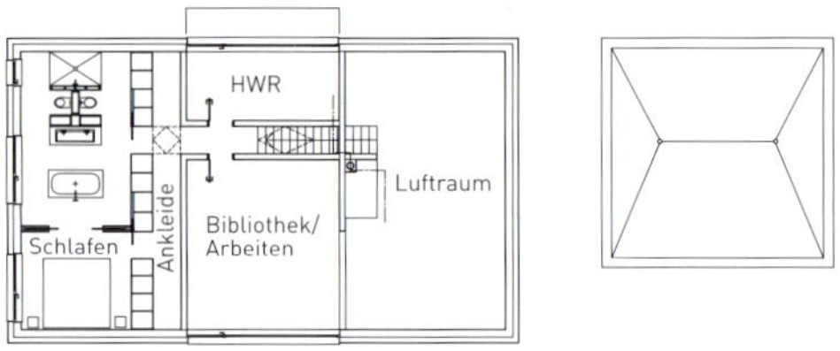

Dachgeschoss

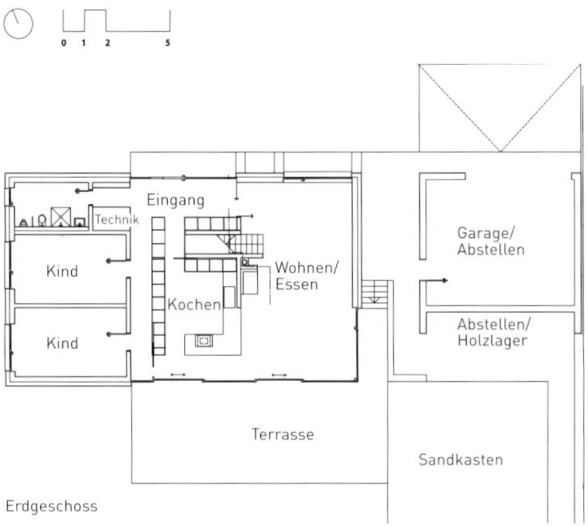

Erdgeschoss

1

Es muss nicht immer ein Spitz- oder Flachdach sein. Pultdachhäuser in solch vorbildlicher Ausführung sind eine gute Alternative, wenn von der Genehmigungsbehörde ein geneigtes Dach gefordert wird. Der Architekt Matthias R Schmalohr hat die Dachform gleich konsequent zu Ende gedacht, indem er dem Formenkonglomerat des Siedlungsgebiets einen architektonisch eindeutigen weißen Keil entgegensetzte. Klar ist nicht nur die Gebäudeform ohne Dachüberstand, sondern auch die Fassadengestalt. Die Öffnungen sind als Rechtecke und schmale Bänder in die Außenwände gesetzt und einander direkt zugeordnet (1/2). Der zum Garten und zur Terrasse orientierte südliche Bereich ist übereck verglast und sammelt so en passant wertvolle Wärmestrahlen ein (2). Nach Nordwesten steigt das Innenraumniveau an (4) und schafft so im Obergeschoss Platz für den als Wellnesszone gestalteten Elternbereich (3), der von Bibliothek/Büro und Hauswirtschaftsraum flankiert wird. Die Kinder wohnen darunter, haben ein eigenes Bad und direkten, ebenerdigen Zugang zum Garten. Auf beiden Ebenen fungieren sondergefertigte, deckenhoch eingebaute Schränke als multifunktionale Raumteiler. Der Wohn- und Essbereich profitiert von den überdurchschnittlichen Deckenhöhen unter dem ansteigenden Pultdach (5). Die Fenster sind Teil des Lüftungskonzepts, sorgen für sanftes Licht und leisten einen beachtlichen Beitrag zur passiven Nutzung der Solarenergie, indem sie die Strahlen der im Zenith stehenden Sonne einfangen.

WICHTIGE BAUDATEN

Bauaufgabe: Neubau für eine Familie mit zwei Kindern
Standort: Minden, Nordrhein-Westfalen
Bauzeitraum: 2007–2008 (8 Monate)
Grundstücksgröße: ca. 900 m²
Wohnfläche: 209 m² zuzüglich 62 m² Nutzfläche und 40 m² Terrassen
Bruttorauminhalt (BRI): 985 m³
Bauweise: massiv (Ziegelmauerwerk gedämmt und verputzt)
Energiekonzept: Erdwärmepumpe als Zentralheizung
Heizenergiebedarf/Jahr (nach EnEV): 80 kWh/m²
Gesamtkosten: keine Angaben

2

3

4

5

1

2

3

GEBAUTE LANDSCHAFTSINSZENIERUNG

Oft besteht die Aufgabe des Planers darin, ein heterogenes Umfeld auszublenden – hier ging es stattdessen um das Ziel, eine wunderschöne Landschaft mit der Architektur zu verschmelzen. Die Kieler Architekten schmieder&dau fanden dafür genau das richtige Rezept, indem sie das angrenzende Naturschutzgebiet durch eine 17 Meter lange, fast komplett verglaste Südfassade ins Haus holten (4). Der Wohnraum setzt sich auf beiden Ebenen schwellenlos in die Terrassen hinein fort, im Erdgeschoss gibt es nicht einmal eine Höhendifferenz zwischen Sitzplatz und Rasen (2–4). Das rotbraune, auch als Außenbelag eingesetzte Zedernholz der Fassade ist extrem langlebig und passt ideal in die umgebende Landschaft mit dem nahen Wald. Die Klarheit der Fassade resultiert aus ihrer eindeutigen Struktur und der kompakten Form. Der mit dem Hauptgebäude verschränkte Garagenbau ist als schwarzer, verputzter Kubus abgesetzt und fasst den Eingangsbereich (1/4). Wie außen, so herrscht auch innen ein sehr ruhiger Duktus, den die freigehaltenen Blickachsen durch das Erdgeschoss noch unterstreichen (2). Das gemeinsame Wohnen, Essen und Kochen findet in Räumen mit geöltem Eichen-Massivholzboden statt, den Rahmen bilden weiße Wände und Decken (2). Die farblich lebhafter gestalteten Eltern- und Kinderräume mit jeweils eigenen Bädern befinden sich im Staffelgeschoss (3), das in leichter Holzständerbauweise aufgesetzt wurde. So entstanden für die Kinderzimmer attraktive, zur Sonne orientierte Freibereiche.

WICHTIGE BAUDATEN

Bauaufgabe: Neubau für eine Familie mit zwei Kindern
Standort: bei Kiel
Bauzeitraum: 2008–2009 (8 Monate)
Grundstücksgröße: 1.530 m^2
Wohnfläche: 285 m^2 zuzüglich 145 m^2 Nutzfläche und 100 m^2 Terrassen
Bruttorauminhalt (BRI): 1.730 m^3
Bauweise: EG und UG massiv (EG Kalksandsteinmauerwerk, UG Stahlbeton/weiße Wanne), OG Holzständerkonstruktion
Energiekonzept: Öl-Brennwertheizung, Solarthermie und Photovoltaik vorgerüstet
Heizenergiebedarf/Jahr: 69 kWh/m^2
Gesamtkosten: keine Angaben

4

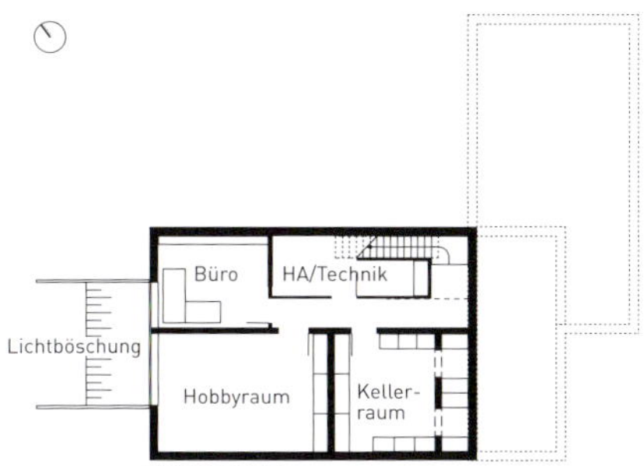

Untergeschoss

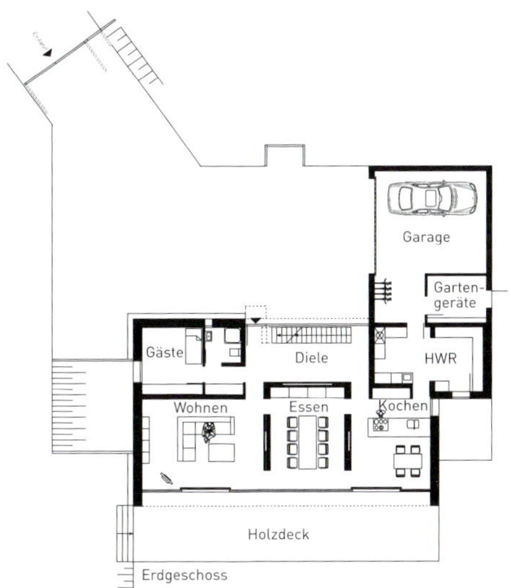

Erdgeschoss

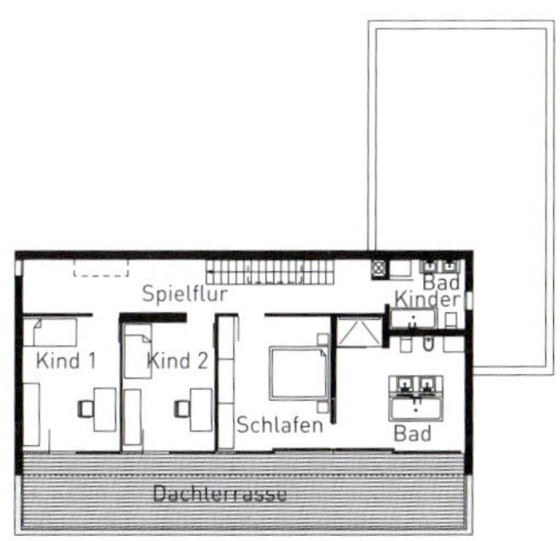

Obergeschoss

1

2

3

KUBISCHE ATRIUMANLAGE IN DER NATUR

In ländlicher Umgebung entstand nach der Planung von Johannes und Sylvia Schulz eine eindrucksvolle vierseitige Atriumanlage aus weißen Wohn-, Gäste- und Bürokuben unterschiedlicher Größe, deren klare geometrische Formen in reizvolle Wechselwirkung mit der umgebenden Natur treten (1/4). Das von den Eltern und ihren erwachsenen Kindern bewohnte Hauptgebäude besitzt einen Anbau, in dem sich eine Wohnung und zwei Gästeappartements befinden (4). Alle Räume des Wohnhauses zeichnen sich durch ihre Offenheit aus; großzügige Blickbeziehungen durch das Haus wie auch durch die raumhohen Fenster in das Atrium und in die Landschaft sind wichtige Bestandteile des anpassungsfähigen Grundrisskonzepts (2/3). Das Planungsbüro und das für Veranstaltungen genutzte Seminarhaus sind in weiteren, eingeschossigen Bungalows untergebracht (1). Nach außen leiten großzügige, von der Bauherrin gestaltete Freibereiche aus Rasen, Naturwiesen und organisch geformten Staudenbeeten in den waldartigen Baumbestand und die freie Landschaft über (1/4). Teilnehmer von Tagungen und andere Gäste, die teils auf dem am Haus vorbeiführenden Jakobsweg reisen, wissen diese kontemplative und natürliche Atmosphäre sehr zu schätzen. Naturnähe zeigt auch die überwiegend autarke Energie- und Haustechnik: Eine Wärmepumpe mit Solaranlage versorgt alle Gebäude kostengünstig mit Energie, die Abwässer werden in einem Dreikammersystem geklärt, das Regenwasser versickert auf dem Grundstück und sämtliche Flachdächer sind extensiv begrünt.

WICHTIGE BAUDATEN

Bauaufgabe: Neubau einer Atriumanlage mit Wohngebäude für eine Familie mit drei erwachsenen Kindern, Anbau mit drei Wohneinheiten, Büro- und Seminargebäude
Standort: Nordendorf, Bayern
Bauzeitraum: 2005–2006 (10 Monate)
Grundstücksgröße: ca. 7.800 m²
Wohnfläche: 482 m² zuzüglich 312 m² Nutzfläche und 55 m² Terrassen
Bruttorauminhalt (BRI): 3.436 m³
Bauweise: Massivbau (Ziegelmauerwerk, gedämmt und verputzt)
Energiekonzept: Grundwasserwärmepumpe, Solarkollektoren für Heizung und Warmwasser
Heizenergiebedarf/Jahr Wohnhaus (nach EnEV): 55 kWh/m²
Gesamtkosten: keine Angaben

4

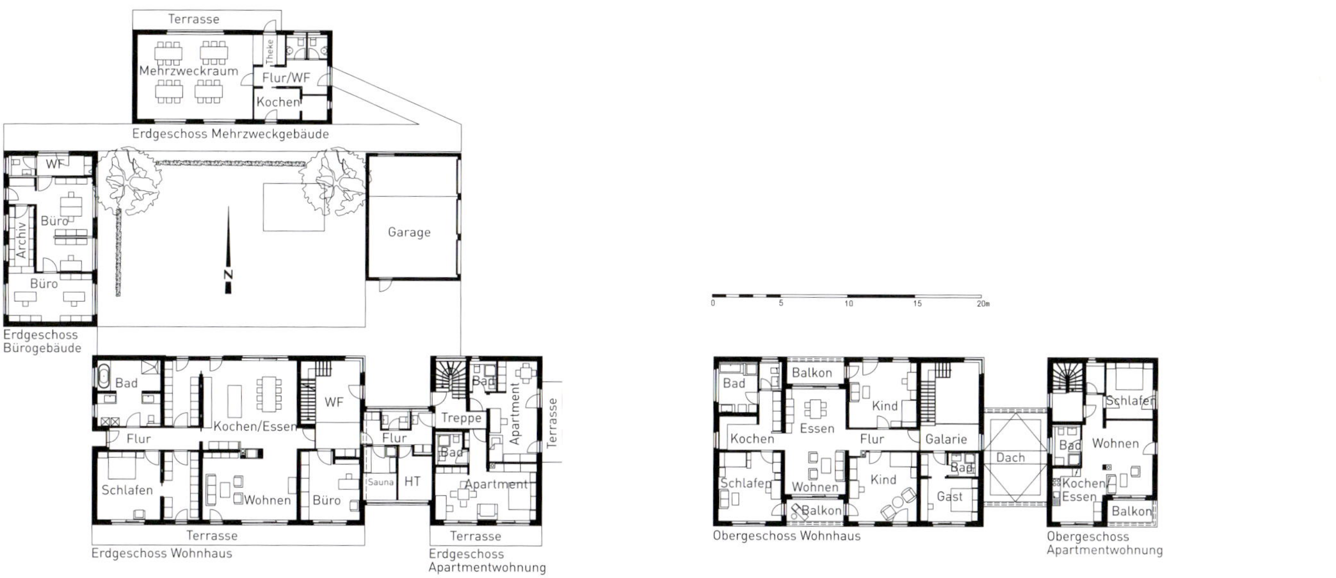
Terrasse
Theke
Mehrzweckraum
Flur/WF
Kochen
Erdgeschoss Mehrzweckgebäude
WF
Büro
Archiv
Büro
Garage
N
Erdgeschoss
Bürogebäude
Bad
Kochen/Essen
WF
Flur
Schlafen
Wohnen
Büro
Terrasse
Erdgeschoss Wohnhaus
Flur
Sauna
HT
Bad
Treppe
Bad
Apartment
Terrasse
Apartment
Terrasse
Erdgeschoss
Apartmentwohnung
0
5
10
15
20m
Bad
Balkon
Kind
Kochen
Essen
Flur
Galarie
Schlafen
Wohnen
Balkon
Kind
Bad
Gast
Dach
Obergeschoss Wohnhaus
Schlafen
Bad
Wohnen
Kochen/
Essen
Balkon
Obergeschoss
Apartmentwohnung

1

2

3

KOMFORTABLE KISTE MIT POOL UND PRAXIS

Sollen Wohnen und Arbeiten vereint werden, entstehen oft große Bauvolumina, deren räumliche Organisation hohe Anforderungen stellt – so auch bei diesem Haus in München. seeger-ullmann architekten verschränkten ein zweigeschossiges, quaderartiges Wohngebäude mit einem ebenerdigen, im rechten Winkel angeordneten Anbau (4). Weiße Putz- beziehungsweise anthrazitfarbene Faserzement-Fassaden grenzen Wohnen und Arbeiten voneinander ab (3). Die getrennten Eingänge der beiden Bereiche sind durch gewinkelte Gabionen-Wände betont und gleichzeitig voneinander abgesetzt, der Zugangsbereich schafft so Abstand zum öffentlichen Raum (3). Durch die geschickte Anordnung des Praxisgebäudes und der Garagen ist im Garten ein intimer Bereich mit Pool und Terrasse entstanden (4). Eine Terrasse auf dem Praxisdach bietet den Blick über das große Grundstück und die nahtlos angeschlossene Nachbarparzelle. Während die Praxis den östlichen Teil des Erdgeschosses und mehrere Räume des Untergeschosses einnimmt, ist das Wohnhaus vornehmlich nach Süden und Westen orientiert. Eine Panoramascheibe im Obergeschoss öffnet das Wohngebäude zur Straße und holt von dieser Seite Licht herein, ohne Einblicke in die Zimmer zu gewähren (3). Nach Südwesten über das transparente Erdgeschoss auskragend (4), wirkt das Obergeschoss mit den Eltern- und Kinderzimmern als konstruktiver Sonnenschutz für den Wohn-, Ess- und Kochbereich (1/2), Jalousetten sorgen zusätzlich für Belichtung nach Wunsch. Die Heizenergie für Haus und Pool erzeugen eine Wärmepumpe und Solarkollektoren.

WICHTIGE BAUDATEN

Bauaufgabe: Neubau für eine Familie mit zwei Kindern inklusive Praxis
Standort: München
Bauzeitraum: 2008–2009 (9 Monate)
Grundstücksgröße: 701 m²
Wohnfläche: 232 m² zuzüglich 62 m² Nutzfläche und 65 m² Terrassen; Praxis mit 168 m²
Bruttorauminhalt (BRI): 1.671 m³
Bauweise: Holzrahmenkonstruktion, gedämmt und verputzt bzw. mit Faserzementplatten verschalt (Praxis), UG massiv (Stahlbeton, gedämmt)
Energiekonzept: Grundwasser-Wärmepumpe, Solarkollektoren, passive Nutzung der Solarenergie, kontrollierte Be- und Entlüftung
Heizenergiebedarf/Jahr (nach EnEV): 26,4 kWh/m²
Gesamtkosten: keine Angaben

4

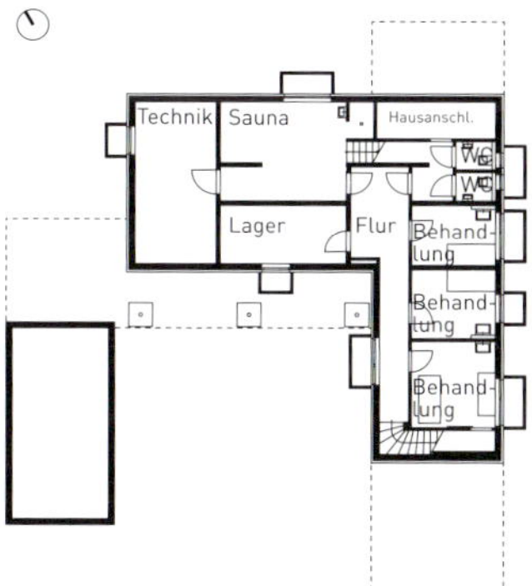

Untergeschoss

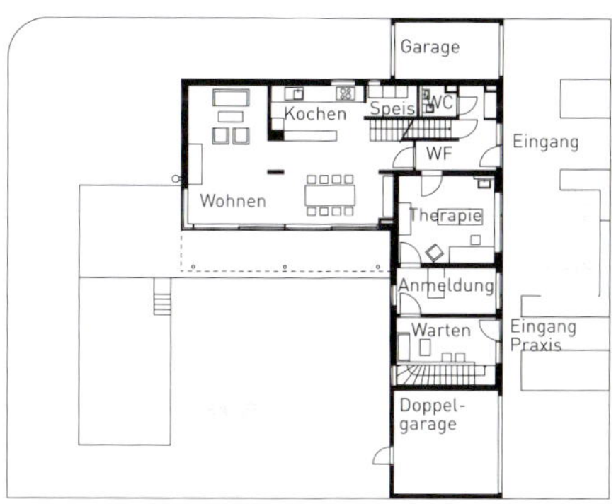

Erdgeschoss

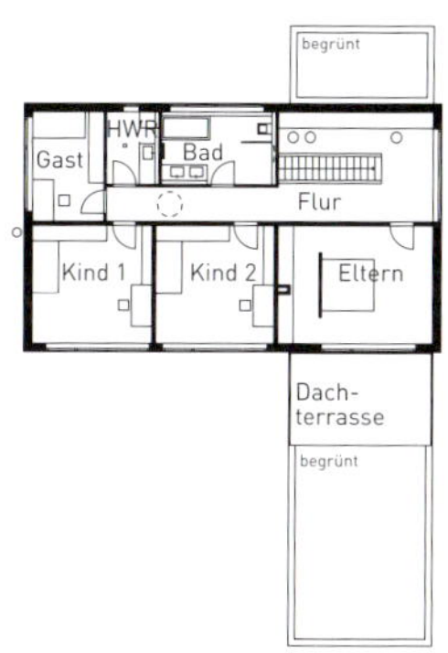

Obergeschoss

VILLA MIT HANG ZUR NATUR

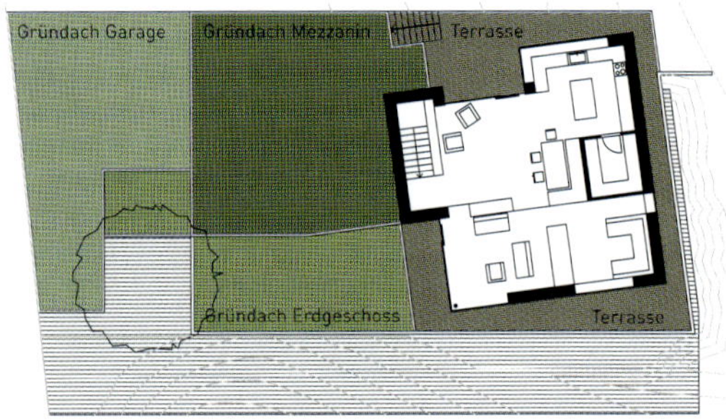

Obergeschoss

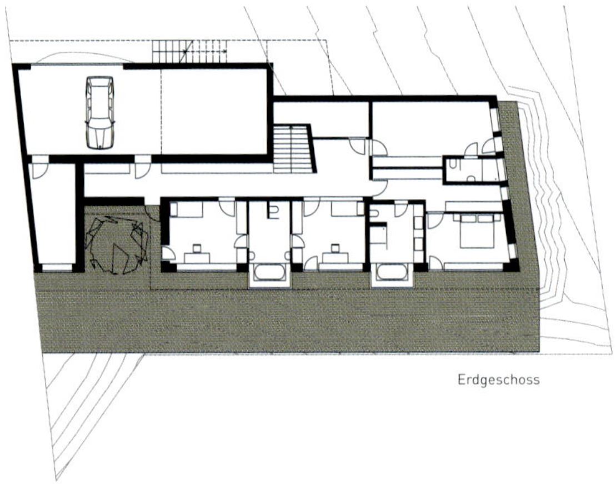

Erdgeschoss

Dass die Harmonie zwischen Bauherren und Architekten die Grundlage eines gelungenen Hauses ist, wird immer wieder betont. Im Fall dieses 2008 bei Kitzbühel errichteten großen Familienheims war der gesamte Entwurfs- und Planungsprozess ein erfolgreiches Zusammenspiel. Unter der planerischen Ägide der Architekten Stöckl Egger & Partner entstand eine Villa, die sich nicht wie viele andere ihrer Art der Landschaft aufdrängt, sondern diese aufnimmt und sich anpasst (2). Die Topografie stellte sich den Bauarbeiten unter anderem in Gestalt eines großen Felsens in den Weg, den man nach kurzer Überlegung beließ und in einen Licht- und Atriumhof einbezog (3).

Parallel zur Hangkante errichtet, bildet die Villa einen gemeinsamen Gartenhof mit dem benachbarten Haus der Eltern (1), dessen Pool die Kinder im Sommer gern zur Erfrischung nutzen. Die Außenwände bestehen aus 50 Zentimeter starkem Ziegelmauerwerk, eine raue Holzverschalung von Haus und Treppenanlagen sorgt für Natürlichkeit (1/2). Dies gilt auch für die vollständig begrünte Dachfläche, die das Niederschlagswasser komplett aufnimmt und dann wieder durch Verdunstung an die Luft abgibt (5). Im Inneren dupliziert sich die hölzerne Außensicht, große Glasflächen holen die Natur ins Haus (1/3–5). Die Badewanne befindet sich direkt unter einem Fensterband (4) und sogar der viel genutzte Hauswirtschaftsraum ist in bevorzugter Aussichtsposition untergebracht.

WICHTIGE BAUDATEN

Bauaufgabe: Neubau für eine Familie mit zwei Kindern
Standort: bei Kitzbühel, Tirol/Österreich
Bauzeitraum: 2008 (6 Monate)
Grundstücksgröße: ca. 1.200 m²
Wohnfläche: 325 m² zuzüglich 72 m² Nutzfläche und 303 m² Terrassen
Bruttorauminhalt (BRI): 1.800 m³
Bauweise: Außenmauern massiv (Ziegelmauerwerk 50 cm mit Holzfassade)
Energiekonzept: Erdwärmepumpe
Heizenergiebedarf/Jahr (nach OIB): 34 kWh/m²
Gesamtkosten: ca. 850.000 Euro

2

3

4

5

WOHNHALLE IN WEISSER HÜLLE

1

Form follows function lautet ein berühmter Leitsatz moderner Architektur – die Funktion bestimmt die Form. Der Hannoveraner Architekt Jens-Uwe Seyfarth macht beim eigenen Haus vor, dass die optimale Funktion und ein perfektes Kosten-Nutzen-Verhältnis durchaus gute Richtlinien sein können, wenn gestalterische Kompetenz hinzukommt. Ziel war, das Wohngefühl zu maximieren und die Kosten zu minimieren. Das langgezogene, rechteckige Gebäude ohne Vor- und Rücksprünge setzt diese Vorgabe perfekt um, denn es verzichtet bewusst auf alles Unnötige, ohne an der Ästhetik zu sparen (3). Aufgrund der mit 6 Metern sehr geringen Breite konnten Fertigteildecken und Holzfertigbinder als Dachkonstruktion eingesetzt werden, das Satteldach ist mit alten, intakten Tondachpfannen gedeckt (3). Als Kaltdach ausgeführt, war auch die Dämmung kostengünstig. Die Zahl der aus einfachen Holzwerkstoffplatten hergestellten Innenschiebetüren beschränkt sich auf das absolut notwendige Maß, der Gipsputz wurde nur in einer Schicht aufgetragen.

Trotz aller planvollen Sparsamkeit entstanden Räume auf höchstem Niveau, die zweigeschossige Wohnhalle mit eingezogener Arbeitsgalerie überzeugt durch Helligkeit, Offenheit und wunderbaren Gartenblick (1/2). Im Obergeschoss sind neben dem Büro mit Ausblick die Zimmer der Eltern und Kinder sowie das Bad untergebracht. Der Erschließungsbereich mit der Treppe eröffnet Durchblicke zwischen Eingang und Garten.

2

WICHTIGE BAUDATEN

Bauaufgabe: Neubau für eine Familie mit Kindern
Standort: bei Hannover
Bauzeitraum: 2005 (7 Monate)
Grundstücksgröße: 760 m²
Wohnfläche: 189 m²
Bruttorauminhalt (BRI): 762 m³
Bauweise: Kalksandsteinmauerwerk, gedämmt und verputzt
Energiekonzept: Gas-Brennwerttherme, passive Nutzung der Solarenergie
Heizenergiebedarf/Jahr (nach EnEV): 66 kWh/m²
Gesamtkosten: 196.000 Euro zuzüglich Architektenhonorar (ca. 19.000 Euro), ohne Garage, Pflasterarbeiten und Gartenanlage

3

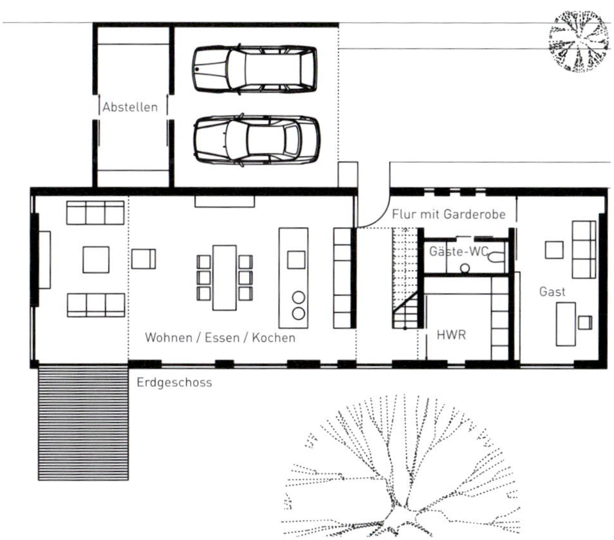
Abstellen
Flur mit Garderobe
Gäste-WC
Gast
HWR
Wohnen / Essen / Kochen
Erdgeschoss

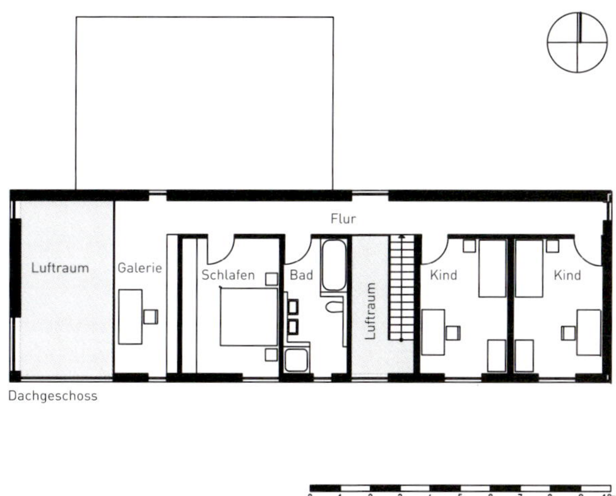
Flur
Luftraum
Galerie
Schlafen
Bad
Luftraum
Kind
Kind
Dachgeschoss
0 1 2 3 4 5 6 7 8 9 10m

1

2

3

SCHMETTERLING AM SEEUFER

Ein Ferienhaus am Bodensee, das poetische Assoziationen weckt: Für vier verwandte Familien hat der Architekt ein transparentes Gebilde entworfen, dessen Schmetterlingsdach zusammen mit dem gläsernen Körper an einen schillernden Falter denken lässt und dem Haus große Dynamik verleiht (1/4). Die zum Wasser hin komplett verglaste Fassade und das steil aufragende Dach ermöglichen es, trotz der eigentlich nicht idealen Nordost- beziehungsweise Südost-Ausrichtung viel Licht in das Haus zu holen und dabei die weite Aussicht in bester Weise zu inszenieren (1/3/4). Wohn-, Ess- und Kochbereich reihen sich entlang der Nordfassade, sodass die Bewohner den nur etwa 40 Meter entfernten Bodensee stets sehen können. Große Raumhöhen, helle Holzdecken und weiße Wandflächen tun ein Übriges, um einen weitläufigen Raumeindruck zu erzeugen und die mit 90 Quadratmeter eher bescheidene Wohnfläche vergessen zu machen (2/3). Zudem wird der Platz bestens ausgenutzt: Auf der Südwestseite im Galeriegeschoss befinden sich ein Arbeitsplatz und ein Zimmer für die Kinder, darunter konnten drei Schlafräume untergebracht werden. Unter der Galerie liegt die Bibliothek, eine steile und schmale rollbare Treppe spart Fläche und ist nie im Weg. Zudem stehen im Keller zwei zusätzliche Lagerräume zur Verfügung.

WICHTIGE BAUDATEN

Bauaufgabe: Neubau eines Ferienhauses für mehrere Familien
Standort: am Bodensee, Kanton Thurgau/Schweiz
Bauzeitraum: 2005–2006 (8 Monate)
Grundstücksgröße: 1.285 m²
Wohnfläche: 90 m² zuzüglich 50 m² Terrassen
Bruttorauminhalt (BRI): 581 m³
Bauweise: Holzelementbau mit Lärchenschalung
Energiekonzept: Gas-Brennwerttherme, Zentralheizung, Kaminofen im Wohnraum
Heizenergiebedarf/Jahr (nach SIA 380/1): 67 kWh/m²
Gesamtkosten: 623.000 sFr

4

Kellergeschoss

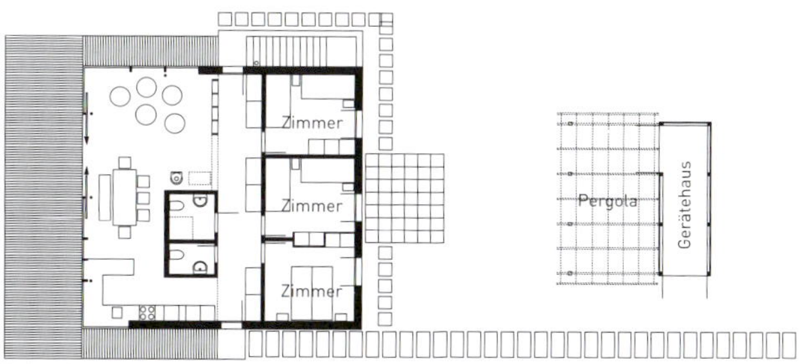

Erdgeschoss

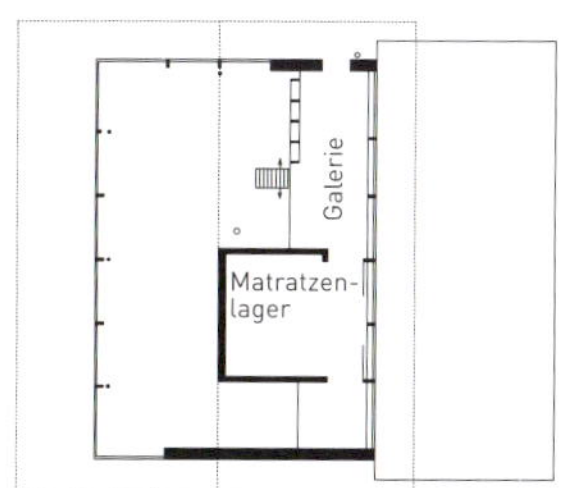

Galeriegeschoss

WEISSE VILLA MIT ZWEI SCHWINGEN

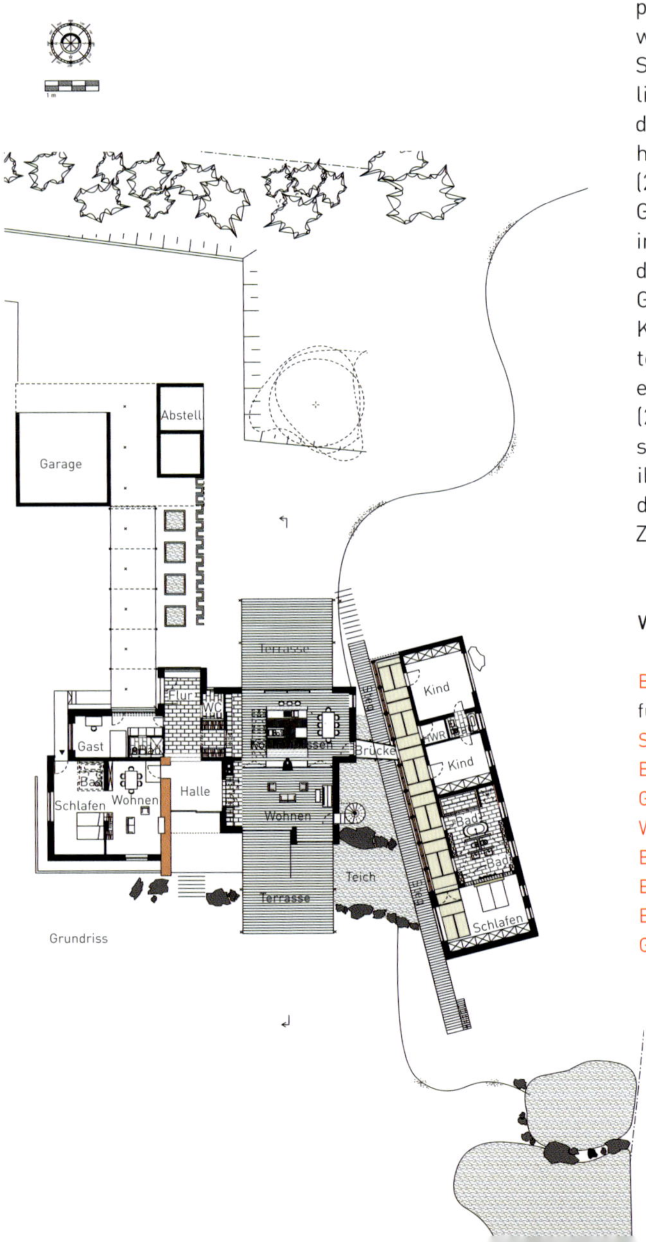

Grundriss

In einem kleinen Ort bei Pforzheim hat der Architekt Florian Stocker einen Bungalow aus den 1960er-Jahren wieder zum Leben erweckt. Durch die Neugestaltung der Fassaden in weißem Putz mit grundlegend veränderten Öffnungen fügt sich die Bestandsarchitektur harmonisch zum neuen Querbau (1). Beide Baukörper sind verbunden durch ein Scharnier aus Stahl und Glas, das wie der filigrane Körper eines Vogels mit zwei großen weißen Schwingen wirkt (3). Dazwischen sucht sich ein kunstvoll-natürlicher Wasserlauf seinen Weg durch das Gelände und weitet sich dann zu einem felsengesäumten Teich, der zu beiden Seiten von holzgedeckten Stegen beziehungsweise Terrassen gefasst wird (2/3).

Große Glasflächen überführen diese Außenzonen optisch nahtlos in die großteils neu strukturierten Innenräume, insbesondere in die komplett umgestaltete Wohn-, Koch- und Esszentrale (4). Der Geländeabfall spiegelt sich in der Split-Level-Organisation mit Kochen und Essen oben und Wohnen unten, Letzteres mit direktem Terrassen-, Teich- und Gartenblick. Vom oberen Niveau geht es durch den gläsernen Verbindungsbau (3) in den neuen Bereich (2). Die hier untergebrachten Eltern-, Kinder- und Badezimmer sind kleine Naturrefugien für sich, zusätzliches Licht schenkt ihnen ein gläserner, mit weichen Tatamimatten belegter Gang, der den Blick auf den anderen Gebäudeflügel freigibt. Auf der Zufahrtsseite befindet sich die Frühstücksterrasse.

WICHTIGE BAUDATEN

Bauaufgabe: Erweiterung und Umbau eines Einfamilienhauses für eine Familie
Standort: bei Pforzheim, Baden-Württemberg
Bauzeitraum: 2007–2009
Grundstücksgröße: ca. 92.000 m²
Wohnfläche: 364 m² zuzüglich 33 m² Nutzfläche
Bruttorauminhalt (BRI): 1.946 m³
Bauweise: Ziegelmauerwerk, gedämmt und verputzt
Energiekonzept: Holzscheitofen im Wohnraum als Zentralheizung
Gesamtkosten: über 500.000 Euro

1

2

3

4

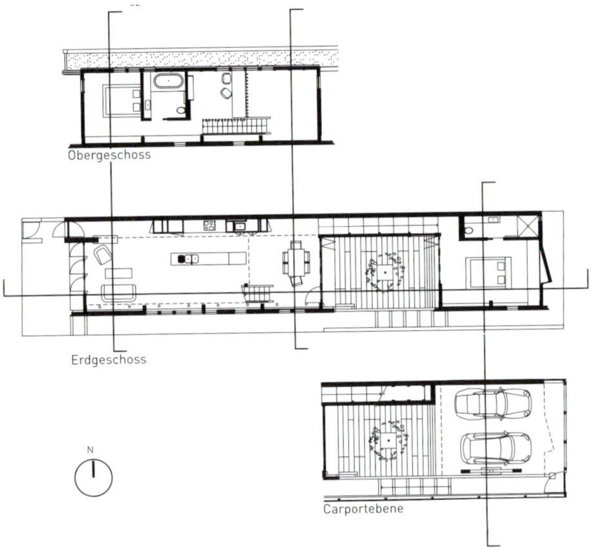

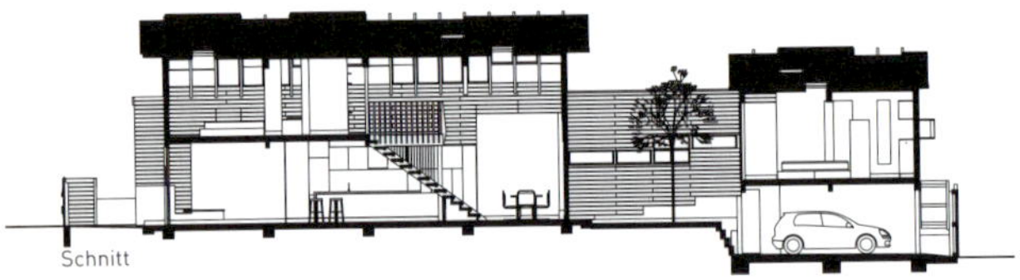

WOHNMUSCHELN IN ENGER NACHBARSCHAFT

Restflächen bieten oft die einzige Möglichkeit für einen günstigen Bauplatz in stadtnaher Lage. Die Architekten vom Tandem Design Studio verstanden es, für ihre Bauherren im schmalen Hinterhof neben einer ehemaligen Fabrik ein Domizil mit Rückzugscharakter zu schaffen. Auf der länglichen, schlauchartigen Parzelle errichteten sie hintereinander zwei durch einen Treppen-Zwischenbau verbundene Gebäude. Das zentral angelegte, bepflanzte Atrium verschafft ein Freilufterlebnis in intimer Atmosphäre. Unter dem östlichen Schlafhaus ist ein Doppel-Carport »eingegraben«. Die ungewöhnliche Nachbarschaftssituation – unter anderem mit einer 4 Meter hohen Wand auf der Nordseite – führte dazu, dass die Architekten dort eine organisch ins Dach übergehende, weitgehend geschlossene Flanke schufen und das Licht über in die Wellblechhaut eingeschnittene Dachfenster, ein auf der Südseite des Obergeschosses eingepasstes Glasband und über große Verglasungen zum Innenhof hereinholten. Die Öffnungen sind in Dimensionierung und Anordnung auf die einfache Wohnarchitektur der Umgebung bezogen. Glas- und Polycarbonat-Fassaden spiegeln das Umfeld effektvoll wider. Das Licht wird im Haus von den Holzoberflächen vielfach reflektiert, sodass spannende Raumbeziehungen und eine sehr freundliche Atmosphäre entstehen. Im Hautgebäude reihen sich auf dem terrazzoartigen Estrichboden Essen, Kochen und Wohnen aneinander, unter dem gekrümmten Dach fand eine behagliche Arbeitsgalerie Platz.

WICHTIGE BAUDATEN

Bauaufgabe: Neubau für ein Ehepaar
Standort: Kensington bei Melbourne/Australien
Bauzeitraum: 2008 (14 Monate)
Grundstücksgröße: ca. 165 m²
Wohn- und Nutzfläche: 120 m² zuzüglich 41 m² Terrasse, Garten und Carport
Bruttorauminhalt (BRI): 560 m³
Bauweise: Mischkonstruktion (Holzrahmenkonstruktion, Betondecken und Stahl)
Energiekonzept: Fußbodenheizung (Hauptgebäude), Nebengebäude unbeheizt
Gesamtkosten: 420.000 AU-Dollar

2

3

4

NEUES HAUS – NEUES WOHNERLEBEN

Die Erweiterung eines bestehenden Wohngebäudes bietet die Möglichkeit, zeitgemäße Architektur umzusetzen und dabei spannende Wechselwirkungen zu schaffen. Andreas M Herschel plante in Mainz einen großen, zweigeschossigen Neubau mit eigenständiger Formensprache, der parallel zum Bestand platziert wurde. Das alte Haus hat man zum Garten hin verlängert, um Raum für eine Einliegerwohnung zu schaffen. Eine Hülle aus Wellaluminium und farbig gestrichenem Holz sowie die klare Gliederung der Fassaden machen das Neue sofort kenntlich (3/4). Durch eine transparente Brückenkonstruktion im Obergeschoss, die auch als Vordach über den Eingängen fungiert, entsteht horizontale Durchgängigkeit (2/3). Der Neubau bietet dank des großzügigen Luftraums mit einer Arbeitsgalerie (1) und der westseitigen Dachverglasung (2) ein besonders großzügiges und helles Raumerlebnis. Während der erweiterte Altbau nun als »Schlafhaus« dient, avancierte der hinzugefügte Teil zum Lieblingsort der ganzen Familie, in dem sie nicht nur kocht und isst, sondern auch den Großteil der gemeinsamen Zeit verbringt. Nach Westen führen große, teils als Schiebeelemente ausgebildete Fensterflächen den Wohnraum in den Garten hinein fort (1/4). Im Obergeschoss entstand zusätzlich noch ein Gäste- und Badezimmer. Das neue Raumwunder ist mit seiner hoch diffusionsoffenen Ausführung, der Dämmung aus ökologischer Zellulose, dem Gründach und seinem geringen Energieverbrauch nachhaltig geplant und schafft nicht zuletzt ein sehr angenehmes Wohnklima.

WICHTIGE BAUDATEN

Bauaufgabe: Neubau für eine Familie mit zwei Kindern (einschließlich Erweiterung Altbau)
Standort: Mainz
Bauzeitraum: 2006–2007 (10 Monate)
Grundstücksgröße: 915 m²
Wohnfläche: gesamt 368 m², Neubau 178 m² zuzüglich 80 m² Nutzfläche (Keller Altbau) und 29 m² Terrassen
Bruttorauminhalt (BRI): Neubau 827 m³, Altbau 715 m³
Bauweise Neubau: Holzrahmenkonstruktion, Stahlkonstruktion für Horizontalaussteifung
Energiekonzept: kontrollierte Lüftungsanlage mit Wärmerückgewinnung, Gas-Brennwerttherme
Heizenergiebedarf/Jahr (nach EnEV): 31 kWh/m²
Gesamtkosten Erweiterung und Neubau brutto: 360.000 Euro

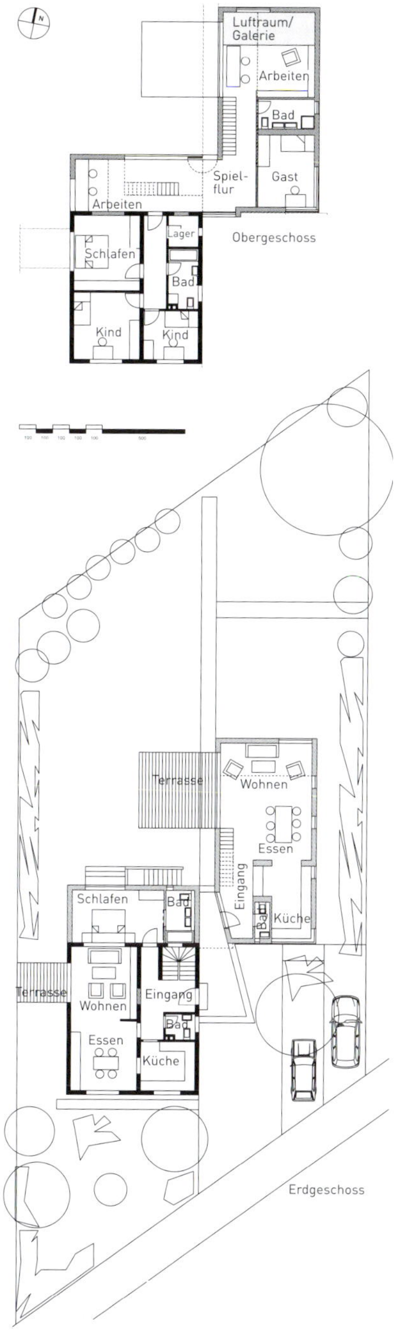
Luftraum/
Galerie
Arbeiten
Bad
Gast
Spiel-
flur
Arbeiten
Lager
Schlafen
Bad
Kind
Kind
Obergeschoss
Terrasse
Wohnen
Essen
Eingang
Bad
Küche
Schlafen
Bad
Terrasse
Wohnen
Eingang
Bad
Essen
Küche
Erdgeschoss

4

KOSTENGÜNSTIGES STAPELHAUS FÜR EINE PERSON

1

2

3

Chaewon Kim und ihr Büropartner Beat Schenk scheinen bei ihren Anstellungen im Studio von Frank O. Gehry und in Rem Kohlhaas' Büro OMA vieles gelernt zu haben. Unter eigener Regie des Architektenduos entstand nahe Boston ein zwar nicht polymorphes, aber dekonstruiertes Gebilde, das auf den ersten Blick an drei nachlässig aufeinander gestapelte Kisten denken lässt (1/4). Als Teil einer von den Bewohnern selbst entworfenen und mehrheitlich sogar selbst errichteten Kleinsiedlung aus Low-Cost-Wohnhäusern, ragt das XS genannte Singlehaus in mehrfacher Hinsicht heraus. Die drei Geschosse mit den Funktionen (von unten nach oben) Kochen/Essen, Wohnen/Arbeiten und Schlafen bieten trotz des insgesamt kleinen Raumvolumens eine innovative Lösung für beengte, besonders auch innerstädtische Lagen, wo der Baugrund knapp und kostbar ist. Die hier verwirklichte Lösung mit minimal dimensionierten Fassadenöffnungen und Belichtung von oben (1/2/4) wahrt die Privatheit und sorgt doch für helle Räume: Die Verrückung der Ebenen ließ im Deckenbereich der darunterliegenden Etagen freie Eckpartien entstehen, die jeweils komplett verglast sind (1/2).

Zur Erreichung des Ziels niedriger Kosten trug neben der kompakten Planung und dem Einsatz der eigenen Arbeitskraft die Verwendung von günstigen, aber durchaus hochwertigen Materialien wie Korkböden, Marmorplatten-Bruch und Polycarbonat-Paneelen bei. Auch das für die Fassade eingesetzte spezielle Schiffsbausperrholz (4) ist preiswert, dabei jedoch äußerst langlebig und witterungsbeständig.

WICHTIGE BAUDATEN

Bauaufgabe: Neubau eines Wohnhauses mit Arbeitsbereich für eine Person
Standort: bei Boston, Massachusetts/USA
Bauzeitraum: 2006 (5 Monate)
Grundstücksgröße: ca. 300 m²
Wohn- und Nutzfläche: ca. 112 m²
Bruttorauminhalt (BRI): 300 m³
Bauweise: Holzkonstruktion
Gesamtkosten: 100.000 Euro

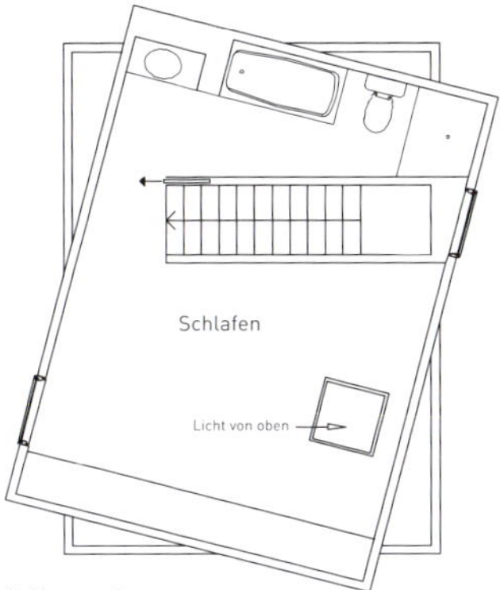

2. Obergeschoss

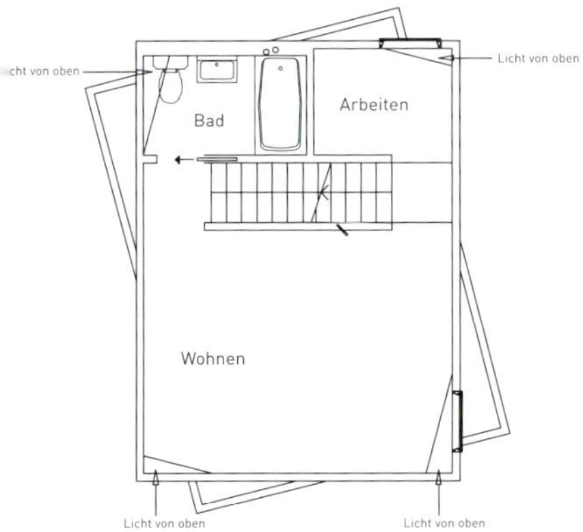

1. Obergeschoss

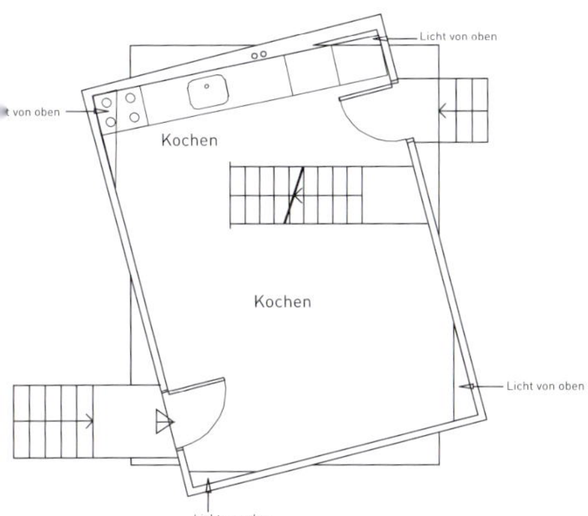

Erdgeschoss

DAS ENERGIE-SPAR-WUNDER

Der Architekt Gernot Vallentin versteht sich darauf, erstklassige Architektur mit höchster Energieeffizienz und vernünftigen Baukosten zu verbinden. Auch bei diesem kompakten Haus für ein bis vier Personen, das vom Bauherrn und zeitweise auch seinem kleinen Sohn bewohnt wird, erstaunt das nahezu optimale Preis-Leistungs-Verhältnis. Für unter 200.000 Euro entstand eine kleine gestalterische Wundertüte, die trotz der geringen Kosten eine Fülle gelungener planerischer Ideen enthält. Schon die Gestaltung der äußeren Hülle mit dem silbern glänzenden, ungleichmäßigen Aluminiumdach, einer durchdacht rhythmisierten Fassade aus unterschiedlich breiten Lärchenholz-Brettern und rot abgesetzten Fensterlaibungen sowie einem dynamisch gewinkelten Terrassenanbau verbindet gekonnt Anspruch mit Einfachheit (3/4). Im Inneren überzeugen die großenteils offene Raumstruktur und die außergewöhnliche Linienführung, die durch Oberflächen aus günstigen OSB-Platten eine einheitliche Gesamterscheinung erhalten (1/2). Der honigfarbene, aus groben Holzspänen gefertigte Werkstoff wurde hier gleichsam als »Endausbaustufe« eingesetzt und spart so weitere Aufbauschichten an Decken, Wänden und Böden ein (1/2). Die ökologische Dämmung aus eingeblasener Zellulose, sehr gute Luftdichtigkeits-Werte, eine kontrollierte Be- und Entlüftung, Solarkollektoren und eine Gas-Brennwerttherme sorgen zusammen dafür, dass sogar Passivhausstandard erreicht wird – und dies auf ausgesprochen kostengünstige Weise!

WICHTIGE BAUDATEN

Bauaufgabe: Neubau für ein bis vier Personen
Standort: Dorfen, Bayern
Bauzeitraum: 2009–2010 (7 Monate)
Grundstücksgröße: 452 m^2
Wohnfläche: 126 m^2 zuzüglich 10 m^2 Terrasse
Bruttorauminhalt (BRI): 404 m^3
Bauweise: Holzriegelkonstruktion
Energiekonzept: passive Nutzung der Solarenergie, kontrollierte Be- und Entlüftung, Solarkollektoren, Gas-Brennwerttherme
Heizenergiebedarf/Jahr (nach PHPP): 15 kWh/m^2
Gesamtkosten: ca. 198.000 Euro (ohne Carport)

4

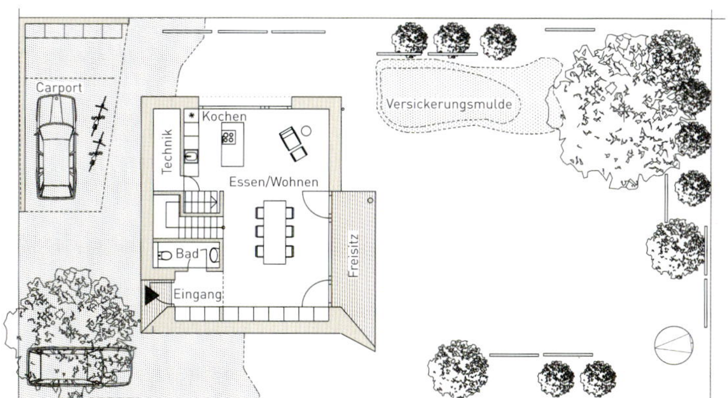

Erdgeschoss

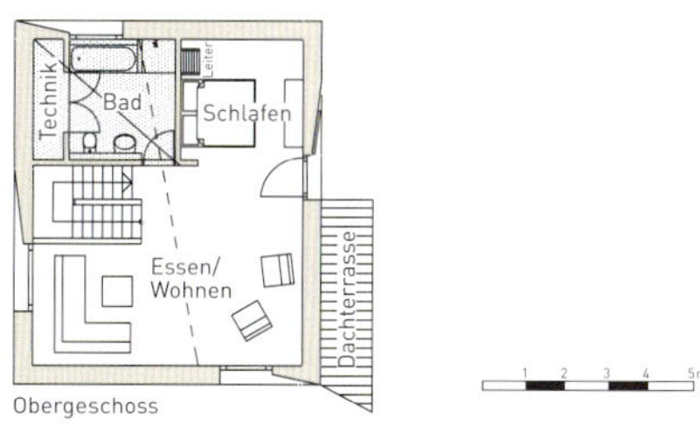

Obergeschoss

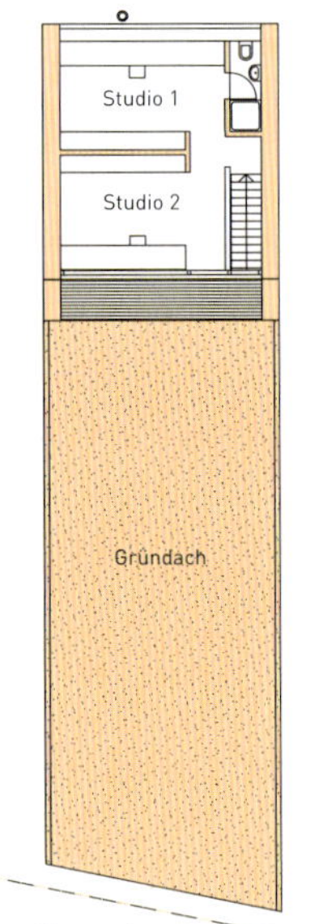

Obergeschoss

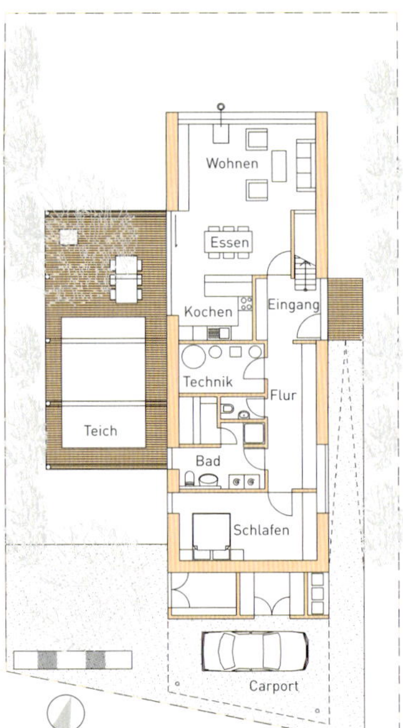

Erdgeschoss

ALTERSGERECHTE ARCHITEKTUR MIT JUGENDLICHER FRISCHE

Beiträge zum »altersgerechten Bauen« kommen manches Mal recht dröge daher, als sei dies eine weitgehend funktional bestimmte Aufgabe. Dass es dabei um mehr gehen kann und sollte als um barrierefreie Erschließungsflächen, zeigt das vom Architekten Gernot Vallentin für seine Eltern entworfene Haus. Hier ist durchaus alles vorhanden, wonach das komfortable Wohnen im Alter funktional verlangt, aber verpackt in einer Hülle, die ganz von heute ist. Mehr oder weniger ist das Haus als Einraum auf einer Ebene konzipiert, wobei ein zusammenhängender Wohn-, Ess- und Kochbereich um einen Schlafraum sowie einen im Obergeschoss gelegenen Arbeits-/Gästetrakt erweitert ist. Der Büroplatz kann bei Bedarf jederzeit in das Erdgeschoss verlagert werden, sodass dann keinerlei Barrieren mehr überwunden werden müssen. Die Bewohner haben sich mit ganzem Herzen für diese zeitgemäße Architektur entschieden und liebten ihr Haus vom ersten Tag an. Sowohl die klare Form mit Flachdächern als auch die Haut aus grauem Textilgewebe beziehungsweise intensiv grünen Holzpartien (1/2) und sogar die im Inneren eingesetzten Oberflächen aus OSB-Platten (3/4) trugen die Bauherren von Anfang an mit und haben den Entschluss zu keinem Zeitpunkt bereut. Besonders gefällt ihnen die ebenerdig anschließende Terrasse mit gedecktem Sitzplatz, bepflanztem Teich und – als Ergänzung zur Sauna – angegliedertem Tauchbecken (2), die Wellness im eigenen Haus ermöglicht.

WICHTIGE BAUDATEN

Bauaufgabe: Neubau eines Einfamilienhauses für zwei Personen
Standort: Dorfen, Bayern
Bauzeitraum: 2008–2009 (5 Monate)
Grundstücksgröße: ca. 480 m^2
Wohnfläche: 163 m^2 zuzüglich 46 m^2 Terrassen
Bruttorauminhalt (BRI): 606 m^3
Bauweise: Holzriegelkonstruktion
Energiekonzept: passive Nutzung der Solarenergie, kontrollierte Be- und Entlüftung, Solarkollektoren, Pelletheizung
Heizenergiebedarf/Jahr (nach PHPP): 15 kWh/m^2
Gesamtkosten: ca. 217.000 Euro (inklusive Teich, Außenanlagen und Carport)

1

2

3

4

DER TRICK MIT DEM KNICK

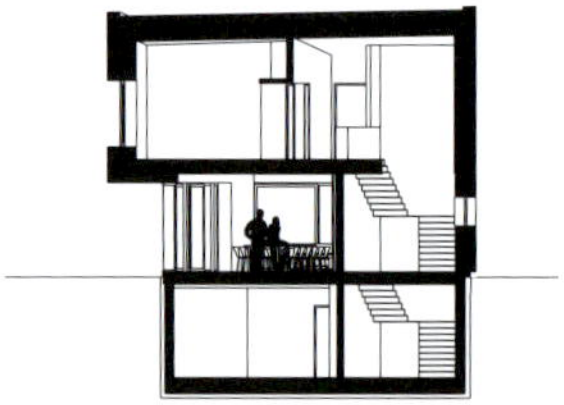

Schnitt

1

2

Großen Baukörpern die Schwere zu nehmen, erfordert außergewöhnliches planerisches Geschick. Walbrunn Grotz Architekten entwarfen in Erding ein Haus mit großzügigen Räumen, das sich in zwei Teilbaukörper gliedert. Im rechten Winkel aneinander gebaut, bilden sie eine vor Straßenlärm und Einblicken geschützte Gartensituation (3). Während es sich beim Atelierbau zur Straßenseite um einen eher unprätentiösen Flachdachbau handelt, zeigt sich das Hauptgebäude als außergewöhnliches Polygon, das im Inneren wie im Äußeren spannungsreiche Ansichten und Situationen schafft. Aus dem mit schwarzen Faserzementplatten verkleideten Körper sind an verschiedenen Stellen Stücke herausgeschnitten. So sind gedeckte Freisitze und Terrassen entstanden; die Glasflächen sind in diesen Bereichen entsprechend zurückversetzt und so konstruktiv vor Überhitzung geschützt (3). Im oberen Schlaf- und Kindergeschoss kann das mehrfach abknickende Fensterband nach Bedarf durch Holzschiebeläden verschlossen werden. Im Erdgeschoss erfahren die langen Blickachsen zwischen Kochen und Wohnen durch die Knicke der Außenwände eine besondere Akzentuierung (1). Böden und Decken sind in Holz gehalten, die Wände in gespachtelten weißen Oberflächen. Die ruhige, teils von den Architekten entworfene Möblierung lässt den Räumen ihre klare Wirkung, die vom Beleuchtungskonzept noch unterstrichen wird. Elternschlafzimmer und -bad im Obergeschoss bilden eine Einheit (1/2), die durch eine verglaste Regalzwischenwand untergliedert ist (2).

WICHTIGE BAUDATEN

Bauaufgabe: Neubau für eine Familie mit zwei Kindern
Standort: Erding bei München
Bauzeitraum: 2006–2007
Grundstücksgröße: ca. 800 m²
Wohn- und Nutzfläche: 521 m² zuzüglich 60 m² Terrassen
Bruttorauminhalt (BRI): 1.962 m³
Bauweise: Passivhaushülle in Holzbauweise
Energiekonzept: Gas-Brennwerttherme, Solarkollektoren zur Brauchwassererwärmung, kontrollierte Be- und Entlüftung mit Wärmerückgewinnung, passive Nutzung der Solarenergie
Heizenergiebedarf/Jahr (nach EnEV): 21 kWh/m²
Gesamtkosten: keine Angaben

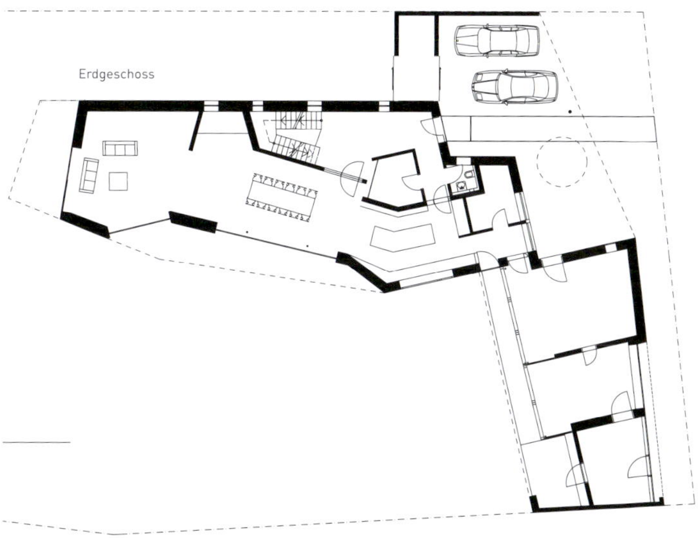
Erdgeschoss

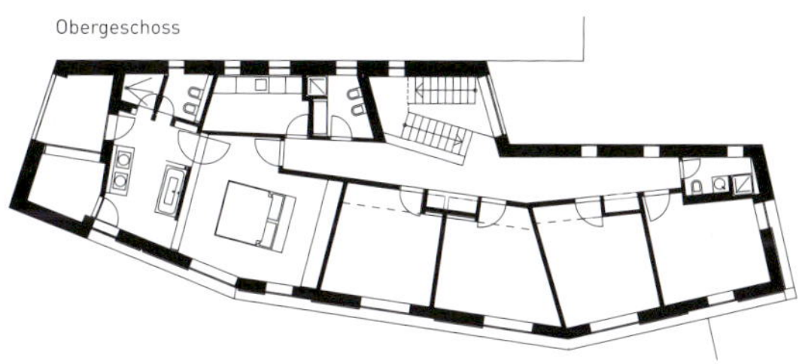
Obergeschoss

PANORAMAWOHNEN ÜBER BREGENZ

1

2

3

Am Rand der Stadt Bregenz und doch in ländlicher Umgebung, die Hauptstadt Vorarlbergs und Festspielmetropole immer im Blick und doch abseits des Trubels – so wohnen die Bauherren von Judith Wellmann und Martin Ladinger. Die Aussicht von ihrem Haus reicht vom Bodenseeufer über die Schweizer Berge bis zum Vorarlberger Rheintal (2/3). Das Architekten-Duo macht vor, wie ein Haus durch die perfekte Verbindung von Innen und Außen zu einem Erlebnisraum für jeden Tag werden kann. Schlanke stählerne Stützen ermöglichten es, große Spannweiten und damit einen sehr offenen und durchgängigen Raumeindruck zu erzielen (2/3). Die zum Tal und zur Stadt hin großflächig verglasten Fassaden mit einer Ganzglaskonstruktion am südwestlichen Hauseck geben dem Inneren Größe und Weite (2/3). Das obere Wohngeschoss mit den Bereichen Wohnen, Essen und Kochen ist auf drei Seiten von einer zusammenhängenden Terrassen- beziehungsweise Balkonfläche umgeben (4), die sich im Westen zu einem großen Aufenthaltsbereich erweitert und auf der Ostseite von einer weiß gerahmten Loggia abgeschlossen wird (1). Dachüberstände schützen vor Regen und vor sommerlicher Überhitzung. Da das Haus auf einem Restgrundstück mit nahem Nachbaranwesen steht, sorgt auf der nördlichen Eingangsseite ein Band aus Glas für optische Abgrenzung bei guter Belichtung. Deutlich unter die Wohnebene eingezogen, nimmt das in den Hang geschobene Erdgeschoss den Elternbereich, die Kinderzimmer sowie die Funktionsräume und den Autostellplatz auf (4).

WICHTIGE BAUDATEN

Bauaufgabe: Neubau für eine Familie mit zwei Kindern
Standort: bei Bregenz/Österreich
Bauzeitraum: 2006–2007 (10 Monate)
Grundstücksgröße: ca. 800 m^2
Wohn- und Nutzfläche: 150 m^2 zuzüglich 80 m^2 Terrassen
Bruttorauminhalt (BRI): 787 m^3
Bauweise: massiv (Stahlbeton, gedämmt bzw. Ziegelmauerwerk, gedämmt und verputzt)
Energiekonzept: Sole-Wasser-Wärmepumpe mit Erdsonde, Holzscheitofen im Wohnbereich
Heizenergiebedarf/Jahr (nach OIB): 23 kWh/m^2
Gesamtkosten: keine Angaben

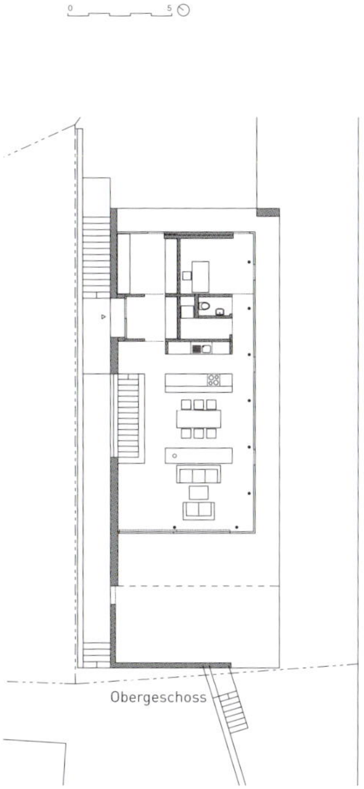

Obergeschoss

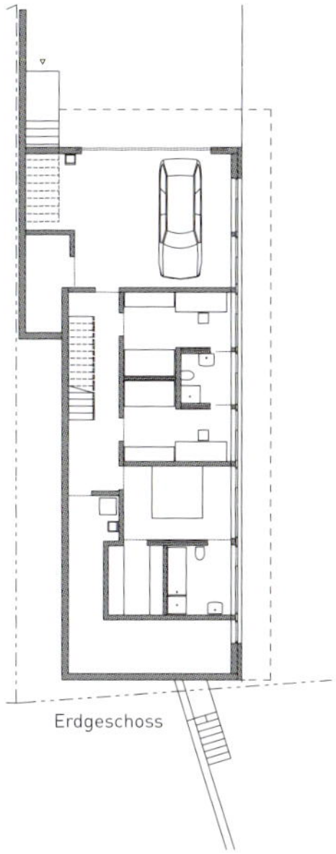

Erdgeschoss

GEWÖLBEWOHNHAUS AUF RESTPARZELLE

Wenn ein Haus an eine Kirche erinnert, kann das kein ganz schlechtes Zeichen sein. Beim Wohngebäude der Architekten Winkler und Ruck im österreichischen Klagenfurt nahm man Anleihe beim romanischen Sakralbau, dessen Rundbogengewölbe hier aber in neuer Ausprägung, Konstruktion und Materialität erscheinen (1–3). Auf einer Restparzelle musste der knappe Platz optimal ausgenutzt werden. Zudem galt es, die Nachbarschaft aus teils recht hohen Mehrfamilienhäusern auszublenden und Einblicke zu vermeiden. Es sollte eine zugleich geschützte und großzügige Atmosphäre entstehen. Man entschloss sich, die zum Garten und zum benachbarten Elternhaus orientierte Südseite als langgestreckte Hauptfassade zu gestalten, deren fünf nebeneinander gereihte Rundbögen jeweils komplett verglast sind (3). Dadurch wird reichlich Licht in den als Kontinuum gestalteten Wohn-, Ess- und Kochraum »gesaugt« (2). Eine zwischen Küche und Eingang (4) gestellte Funktionsbox mit integrierter Garderobe grenzt die Erschließungszone ab, lässt aber den Raumzusammenhang erfahrbar bleiben. Drei bis zur nördlichen Grundstücksgrenze fortgeführte Rundbogen-Baukörper mit Elternschlafzimmer, Bad und Kinderbereich schaffen in den Zwischenzonen zwei Atrien (1). Die Bogenkonstruktion erforderte von Architekten und Handwerkern einen hohen Arbeitseinsatz, damit der Kostenrahmen eingehalten werden konnte. Das Dachtragwerk besteht aus Stahl, die Deckung aus Bitumenpappe und die Innenverkleidung aus in Form gebogenen Sperrholzplatten.

1

2

WICHTIGE BAUDATEN

Bauaufgabe: Neubau für eine Familie mit Kind
Standort: Klagenfurt, Kärnten/Österreich
Bauzeitraum: 2006–2007
Grundstücksgröße: 480 m^2
Wohnfläche: 130 m^2 zuzüglich 25 m^2 Nutzfläche und 85 m^2 Terrassen
Bruttorauminhalt (BRI): 550 m^3
Bauweise: massiv (Sichtbetonfertigteile, kerngedämmt); Dach Stahlleichtkonstruktion
Energiekonzept: Erdsonden-Wärmepumpe, kontrollierte Be- und Entlüftung
Heizenergiebedarf/Jahr: 47 kWh/m^2
Gesamtkosten: ca. 250.000 Euro (ohne Gartengestaltung und Nebengebäude)

3

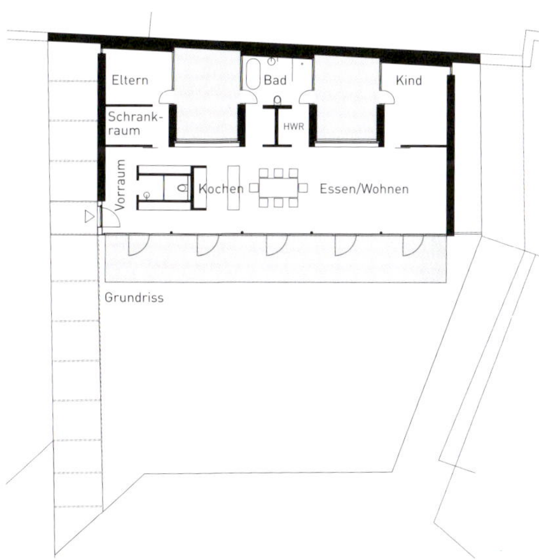
Eltern
Bad
Kind
Schrank-
raum
HWR
Vorraum
Kochen
Essen/Wohnen

Grundriss

DAS KLEINE SCHWARZE

Landschaftsbezogenes Bauen kann ganz unterschiedliche Ausprägungen annehmen. Hier addierten x architekten die Vorgaben der Umgebung, namentlich die Dachformen und -neigungen, die einfachen Materialien und die Zusammenfassung von Nutzungen in einer Kubatur zu einem Sparhaus der anspruchsvollsten Art. Entsprechend ist das Gebäude als zeitgemäß interpretierter »Schatten« des regionalen baulichen Erbes gedacht, was durch die dunkle Farbe der Außenhaut unterstrichen wird (1/3). Insgesamt wurde auf günstige Materialien, sparsame Konstruktionen und kompakte Abmessungen ohne ästhetische Einbußen geachtet.
Auf einer Betonplatte erhebt sich eine Pfosten-Riegel-Konstruktion aus Holz, die nach außen durch eine sich über Dach und Wände ziehenden Außenhaut aus Faserzement-Wellplatten abgeschlossen ist (1/3). Der Durchfahrtshof – das »Fenster zur Landschaft« – erhielt durch weiße Oberflächen aus Holz beziehungsweise Textilgewebe ein mit der sonstigen Erscheinung kontrastierendes Antlitz (3). Das beheizte Wohn- und das kalte Nebengebäude sind durch das Hofdach verbunden. Die Innenräume erhalten durch weiße Holzbalken an der Decke des Erdgeschosses und weiß lasierte Sperrholzplatten an den Wänden und in den Dachschrägen zusätzliche Helligkeit, holen aber auch durch gut gesetzte Glasflächen viel Sonne in den Wohn-, Ess- und Kochraum. Die Treppenskulptur wird durch ein Dachshed in unwirklich schönes Licht getaucht (2).

1

2

WICHTIGE BAUDATEN

Bauaufgabe: Neubau für eine Familie mit ein bis zwei Kindern
Standort: bei Wels/Österreich
Bauzeitraum: 2009–2010 (9 Monate)
Grundstücksgröße: ca. 940 m²
Wohn- und Nutzfläche: 115 m² zuzüglich 27 m² Nebengebäude
Bruttorauminhalt (BRI): 355 m³
Bauweise: Holzbau/Pfosten-Riegel-Konstruktion, gedämmt, Fassade Faserzement/Holz/Textilgewebe
Energiekonzept: Pellets-Zentralheizung (im Nebengebäude), passive Nutzung der Solarenergie
Heizenergiebedarf/Jahr (nach OIB): 22,1 kWh/m²
Gesamtkosten: ca. 200.000 Euro

3

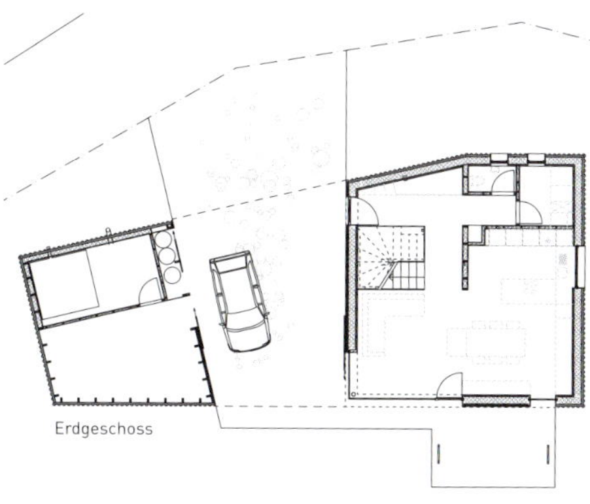
Erdgeschoss

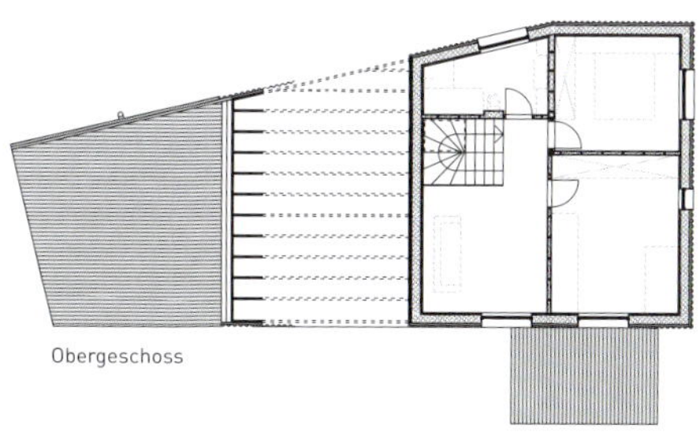
Obergeschoss

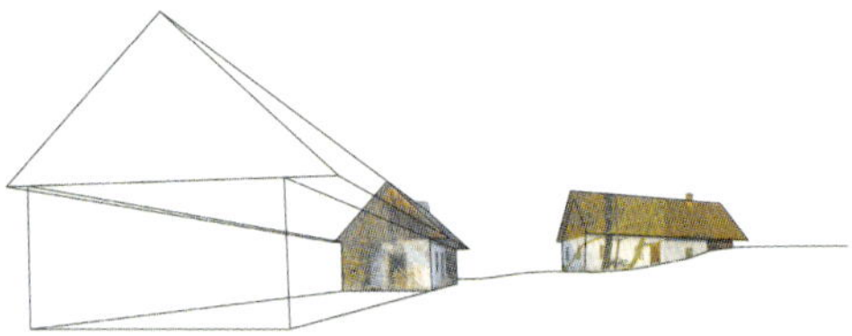

1

2

LÄNDLICHES BAUEN

Ländliches Bauen kann sehr modern und gestalterisch eigenständig sein, manchmal – wie in diesem Fall – ist allerdings besonderer Respekt gegenüber dem Bestehenden angebracht. x architekten ergänzten eine Hofstelle in der Südsteiermark um ein Wohnhaus. Gebäudehöhe, Dachneigung und -überstand übernahmen sie vom alten Bauernhaus und stellten den Neubau im rechten Winkel dazu, sodass das Geländeplateau begrenzt wird und ein ruhiger Innenhof entstanden ist (1–3). Eine zwischengeschaltete Terrasse fungiert als Bindeglied zwischen den Gebäuden. Auf der Hangseite zitiert die neue Fassade mit ihrer Geschlossenheit, ihrer Holzverschalung und ihren lukenhaften Fensterausschnitten die bauliche Tradition steirischer Scheunen (1/2). Nach Südwesten endet der langgestreckte Baukörper in einem Freisitz, der durch das fortgeführte Hausdach überspannt und hangseits von einer durchbrochenen Leistenschalung abgeschirmt wird (2–4). Zwischen diesem Freisitz und dem Wohn/Essbereich wurde großzügig verglast, zum Hof hin holen gleichmäßig gesetzte, schmale Fenster Sonne nach innen (1). Die wichtigsten Funktionen sind im Erdgeschoss untergebracht, der »Speicher« unter dem Dach ist als Kaltraum ausgebildet, bekommt aber viel Licht durch eine Firstverglasung. Auf der Straßen- und Eingangsseite kragt das Gebäude kühn über das Gelände aus, darunter ist ein geschützter Autoabstell- und Eingangsbereich entstanden.

WICHTIGE BAUDATEN

Bauaufgabe: Neubau für eine Familie mit zwei Kindern
Standort: Südsteiermark/Österreich
Grundstücksgröße: Teil des landschaftlichen Anwesens
Wohnnutzfläche: 167 m² zuzüglich 27 m² Terrassen
Bruttorauminhalt (BRI): 465 m³
Bauweise: massiv (Ziegelmauerwerk)
Gesamtkosten: keine Angaben

3

4

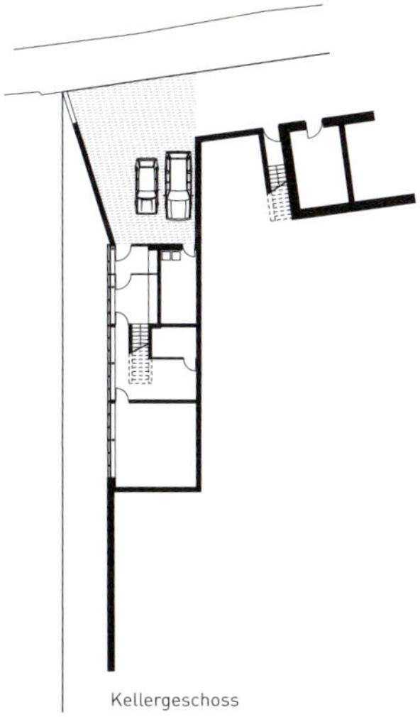

Kellergeschoss

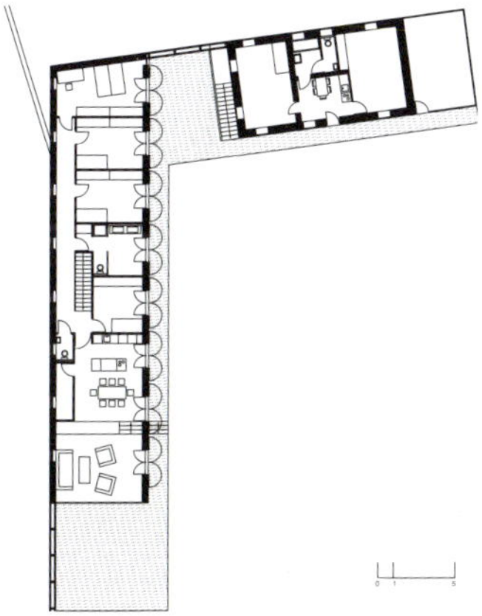

Erdgeschoss

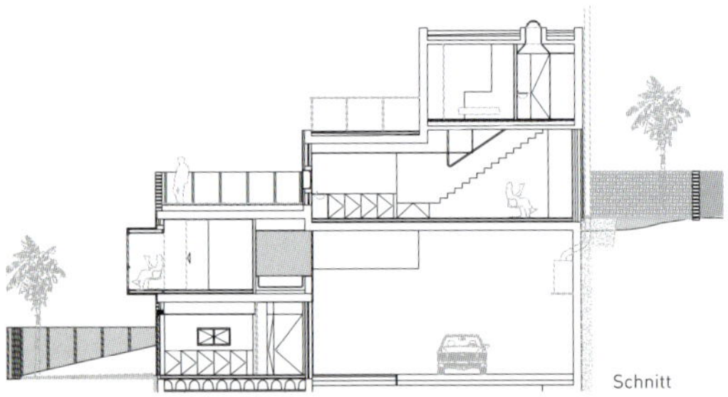

Schnitt

REIZ DER GEGENSÄTZE

Projektentwickler und Bauträger pflegen beim Bau mehrerer Wohnhäuser auf einer Parzelle gemeinhin gesichtslose, oft identische Gebäude zu errichten. Das Architektenteam von XPIRAL hingegen nutzte ein stark geneigtes Hanggrundstück mit einer Höhendifferenz von 5 Metern für die Inszenierung zweier recht gegensätzlicher Einfamilienhäuser in hochwertiger Architektur. Um das überplanbare Terrain bestmöglich auszunutzen, wurde es als städtebauliche Einheit behandelt und unten wie oben durch ein Haus abgeschlossen (2), dazwischen erstreckt sich ein Garten- und Hofbereich. Das dem Gebirgsrücken zugewandte Gebäude – *casa cielo* – mit deutlich größerem, auskragendem Obergeschoss und weitem Ausblick besteht aus Sichtbeton. Es zitiert damit die Farbe und die Massivität des Felsens und ist zugleich dem Berg wie dem Himmel verhaftet (3). Das talseitig an der Straße gelegene Haus – *casa tierra* – zeigt sich nach außen komplett anders: Seine ebenso bodenständige wie unkonventionelle Hülle besteht im Grunde aus einem Weinregalsystem aus Ton, dessen Öffnungen mit speziellen, unterschiedlich glasierten Tonverschlüssen versehen sind (1/2/4). Nach dem Entwurf der Architekten von einem lokalen Handwerksbetrieb sondergefertigt, lassen sie das Haus nach außen regenbogenartig schimmern, wobei im unteren Bereich Grün, die Farbe der Pflanzen, weiter oben das Blau des Himmels dominiert (2/4). Über den optischen Effekt hinaus trägt dieses Fassadensystem zur Temperierung der Innenräume bei. Die silbern glänzenden Fensterrahmen aus Metall fügen der erdigen Erscheinung eine sehr spannende, rau-industrielle Komponente hinzu (1/4).

WICHTIGE BAUDATEN

Bauaufgabe: Neubau von zwei Einfamilienhäusern
Standort: bei Murcia/Spanien
Bauzeitraum: 2006–2008
Grundstücksgröße: 304 m²
Wohnfläche gesamt: 306 m² zuzüglich 274 m² Terrassen/Balkone
Bauweise: massiv
Gesamtkosten gesamt: 405.000 Euro

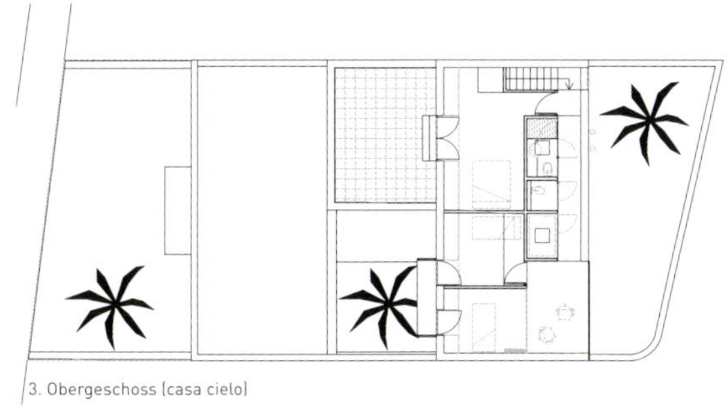
3. Obergeschoss (casa cielo)

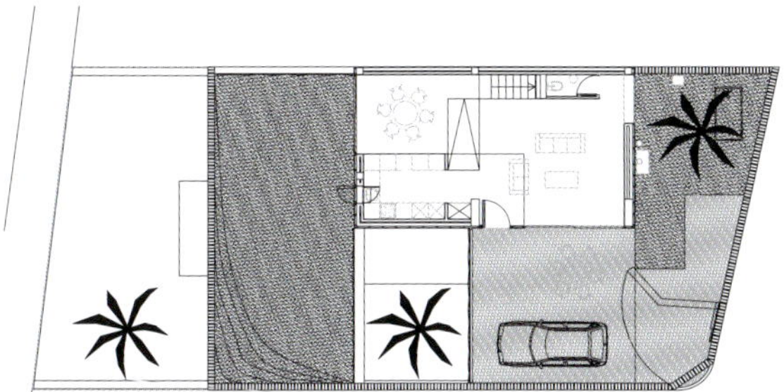
2. Obergeschoss (casa cielo)

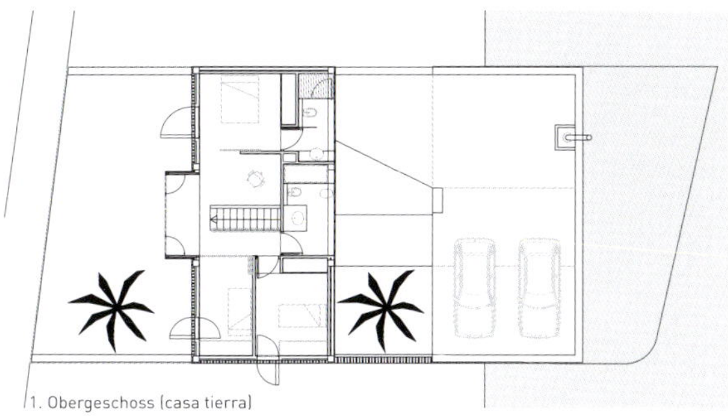
1. Obergeschoss (casa tierra)

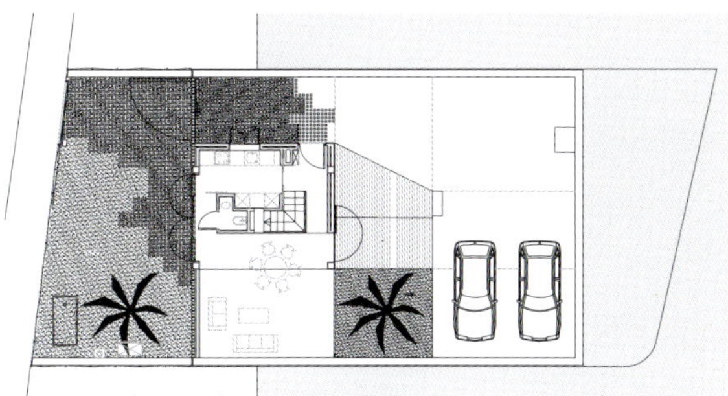
Erdgeschoss (casa tierra)

3

4

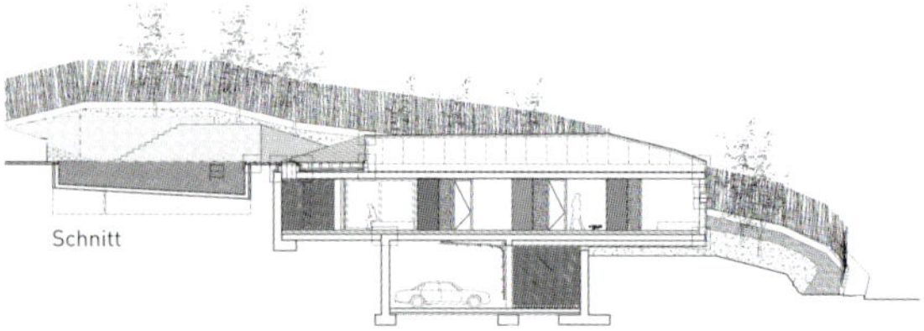

Schnitt

2

3

RAUMKUNST UNTER PINIEN

Bauen in naturnahem Gelände erfordert Sensibilität und planerische Sorgfalt. Entgegen mancher das Umfeld zerstörenden Bausünde passte Javier Peña Galiano seinen dekonstruktivistischen Entwurf an die bestehende Topografie und den Baumbestand an. Zum Teil in das Erdreich eingegraben, nimmt sich das große Volumen des Hauses soweit als möglich zurück (4). Das vielfach gefaltete Dach, das den Innenraum vor unerwünschten Einblicken schützt und den Blick in die Landschaft richtet, sowie die blaugrün schimmernde Außenhaut aus Stahl scheinen mit den beim Bau weitestgehend erhaltenen Pinienbäumen förmlich eins geworden zu sein (4/5). Wenn doch ein Baum gefällt werden musste, wurde dafür ein neuer gepflanzt und das Abraummaterial für den Bau wiederverwendet! Die große Garage ist unauffällig in das Untergeschoss integriert (5). Vom Panorama-Pool führt der Weg über eine lange Treppe hinunter in den eingetieften Atriumhof, der die verschiedenen Trakte des Hauses verbindet (4). Während sich weniger wichtige Funktionen und Schlafräume, also Bereiche mit geringem Lichtbedarf, in den unteren Geschossen und dem Hang zugewandten Abschnitten konzentrieren, wenden sich die Wohnräume zum Licht (1–3). Alle Außenwände des Atriums sind komplett verglast, sodass eine direkte Innen-Außen-Beziehung entsteht und das Haus beim abendlichen Blick vom Pool aus hell leuchtet (4). Die Auskragung des oberen Gebäudeteils bietet Schutz vor Hitze und lässt kühlende Winde passieren (5).

WICHTIGE BAUDATEN

Bauaufgabe: Neubau für eine Familie mit Kindern
Standort: bei Murcia/Spanien
Bauzeitraum: 2003–2006
Grundstücksgröße: ca. 1.630 m²
Wohnfläche: 377 m² zuzüglich 86 m² Terrassen
Bauweise: massiv (Stahlbeton, gedämmt)
Energiekonzept: passive und kontrollierte Lüftung
Gesamtkosten: 850.000 Euro

4

5

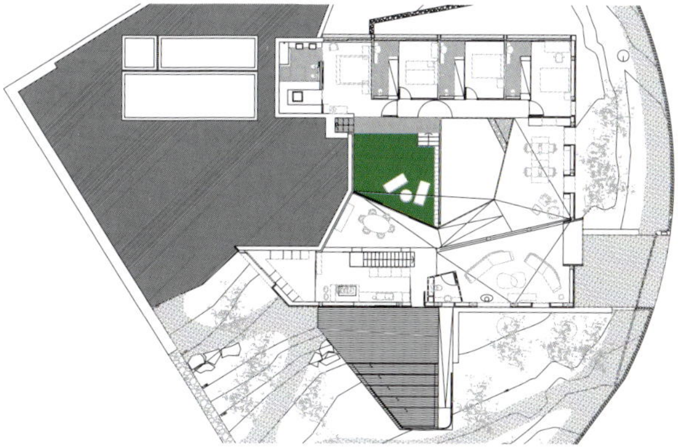

Grundriss

EXPRESSIVE GESTALT, HÖCHSTE WOHNLICHKEIT

Neubaugebiete sind zumeist einförmige Gebilde ohne charakteristische Architektur. Dagegen setzt das in einer Siedlung beim südspanischen Murcia errichtete Wohnhaus der Architekten XPIRAL in seiner expressiven Modernität deutliche Akzente. Die knapp 600 Quadratmeter große Parzelle wird durch die etwa L-förmige Gestalt des Gebäudes optimal ausgenutzt (2/4). So sind unmittelbare Nachbarn und Erschließungsstraße optisch wie akustisch ausgeblendet, es entstand eine ruhige Innenhof-Situation (1/2/4). Im Grunde besteht die weitläufige Villa aus zwei Baukörpern, 10 und 17 Meter lang, die die Zimmer der Eltern beziehungsweise der Kinder aufnehmen und sich wie die Strahlen eines Sterns im Zentrum verbinden (4). Der Schnittpunkt wird im Außenraum von einer großen Palme markiert. Der kürzere »Strahl« ist in Sichtbeton gehalten, sein Erdgeschoss mit dem gemeinsamen Wohnraum zum Garten hin großflächig verglast (3). Das auskragende Obergeschoss besitzt eine Fülle kreisrunder Öffnungen, deren größte als Dreh-Fenstertür den Zugang zum Dachgarten ermöglicht (1/2/4). Der längere Baukörper mit den Kinderzimmern ist – einem Drachen nicht unähnlich – zur Straße mit grünem Textilgewebe umhüllt (1). Der »Kopf« des Fabelwesens mündet in einen verglasten Wohnbereich, der über das Terrain ausgreift, abknickt und dadurch den Gartenhof nochmals einfasst (4). Der Pool schafft durch seine hohe, blau geflieste Mauer zusätzlichen optischen Abstand zum Straßenraum, ein rostbrauner Zaun aus Stahlgewebe friedet das Grundstück ein (4).

2

WICHTIGE BAUDATEN

Bauaufgabe: Neubau für eine Familie mit drei Kindern
Standort: bei Murcia/Spanien
Bauzeitraum: 2005–2006
Grundstücksgröße: ca. 590 m²
Wohnnutzfläche: 606 m²
Bauweise: massiv (Stahlbeton, gedämmt)
Gesamtkosten: 690.000 Euro

3

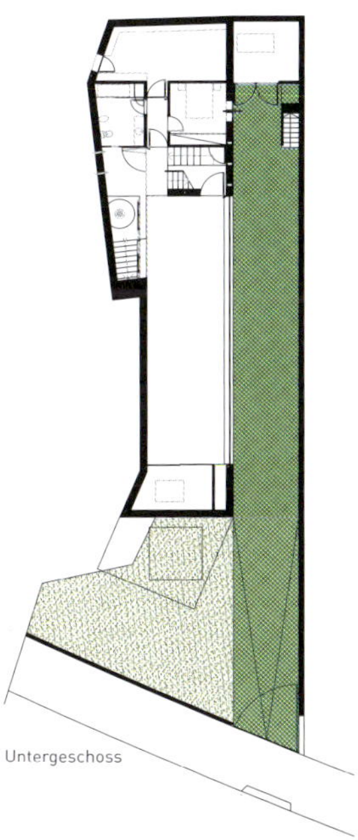

Untergeschoss

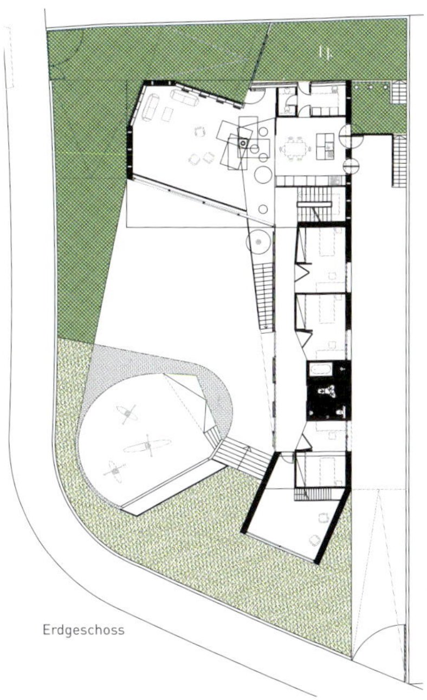

Erdgeschoss

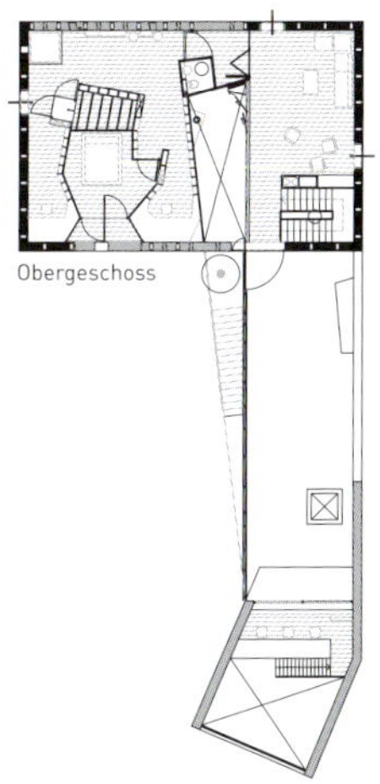

Obergeschoss

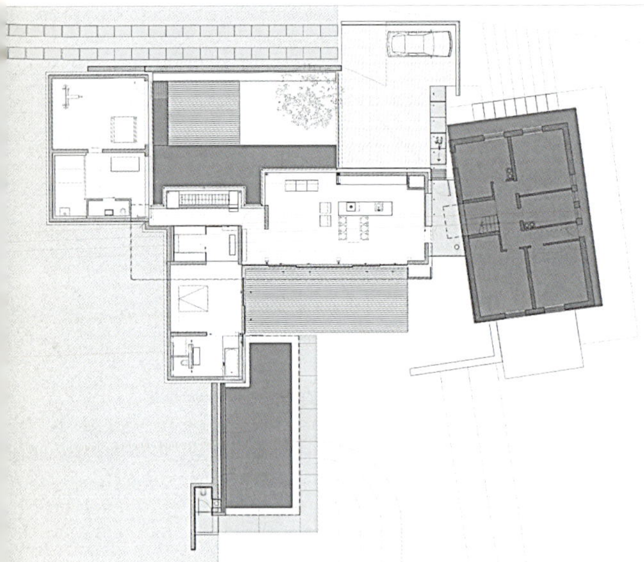

Grundriss

VIRTUOSES SPIEL MIT DEN ELEMENTEN

Bei diesem Projekt am Chiemsee verstand es der Architekt Thomas Ziesel, einem Bestandsbau eine lichte Villa mit engem Bezug zum Element Wasser hinzufügen – auf höchstem Komfort- und Energiestandard. Der Neubau umfasst neben dem weitläufigen Wohn-, Ess- und Kochbereich (4) die Elternräume, eine Wellnesszone sowie einen Atelier- und Meditationsraum im gläsernen Turm. Das Haus zeigt sich blick- und lichtdurchlässig, mit raumhoch eingebauten Glasflächen (1–3). Gekonnt sind die Fassaden rhythmisiert; neben Glas und Buchenleisten reihen sich graue Faserzementtafeln (2). Leicht wirkende Attiken verbinden die einzelnen Partien (2). Wasserbecken im nördlichen Atrium, die reizvolle Lichtreflexionen in die Räume werfen, kühlen und regulieren das Mikroklima (1). Ein besonderes Wellness-Erlebnis mit grandiosem Ausblick ist ein Bad in der Komfortwanne, nur durch eine Glasscheibe vom Pool getrennt (3). Der »gläserne Turm« dient auch zur Abführung von Warmluft (2). Da über 50 Prozent der Außenwandflächen in das Gelände eingegraben sind, wird viel Energie gespart. Durch die thermische Aktivierung des statisch ohnehin notwendigen Betonkerns im Bereich der Treppe wirken dessen mit Heizschleifen versehenen Wände als große Heiz- beziehungsweise Kühlkörper. Die von Solarkollektoren erzeugte überschüssige Wärme wird im gedämmten Pool (2) eingelagert, im Sommer über Nacht an die kältere Luft abgegeben und im Winter zur Heizungsunterstützung genutzt.

WICHTIGE BAUDATEN

Bauaufgabe: Neubau für eine Familie mit vier Kindern
Standort: am Chiemsee, Bayern
Bauzeitraum: 2008–2009 (15 Monate)
Grundstücksgröße: ca. 7.000 m²
Wohnfläche: 249 m² zuzüglich 100 m² Terrassen und 25 m² Nebenfläche
Bruttorauminhalt (BRI): 1.500 m³
Bauweise: massiv (Ziegelmauerwerk, gedämmt, mit Thermoholzverkleidung)
Energiekonzept: passive Solarenergienutzung, Solarthermie mit Wärmespeicherung im Pool, Betonkernaktivierung, Anschluss an Heizsystem des Altbaus
Heizenergiebedarf/Jahr (nach EnEV): 40 kWh/m²
Gesamtkosten: keine Angaben

2

3

4

ARCHITEKT CHRISTOPH ZÜRCHER,
Locarno/Schweiz
Projektmitarbeiterin: Sylvia Timko
Innenarchitektur: Béatrice Hagenbach Cagiati
Gartenplanung: Niccardo Righetti

ROTE VILLA AM LAGO MAGGIORE

1

2

3

Leuchtende Erd- und Rottöne der Ockergesteine prägen viele historische Hausfassaden im Tessin und am Lago Maggiore. Der Architekt Christoph Zürcher griff also auf regionale Traditionen zurück, als er die moderne Villa über dem See in ein intensives »Ochsenblutrot« tauchte, das die atriumartige Anlage zusammenfasst und sie in komplementäre Zwiesprache mit dem Grün der Natur setzt (4). Die beiden zweigeschossigen, unterkellerten Hauptbaukörper, ein Wohn- und ein Gästehaus, sind durch eine Loggia beziehungsweise Terrasse miteinander verbunden, die das Leben im Freien und den Blick in die Landschaft als Erlebnis inszeniert (3/4). Um den Pool ist ein durch Hangterrassen und Treppen gegliedertes, durch Pflanzinseln akzentuiertes Gartenkunstwerk entstanden, das den Weg von der tieferliegenden Straße zum Haus begleitet (4).
Die innenräumlichen Funktionen Wohnen, Essen und Kochen organisieren sich im Erdgeschoss um die Feuerstelle mit dem Kaminofen (1/2); Atrium und Garten bleiben durch die großen Verglasungen stets im Blick (2). Dagegen gelang es durch geschickte Setzung und Dimensionierung der Fassadenöffnungen, die Nachbarschaft auf den anderen Seiten auszublenden. Auch die Schlafräume im Obergeschoss orientieren sich vornehmlich zum Innenhof und zum See. Dominierender Bodenbelag ist der traditionelle Onsernone-Granit, der mit seiner grauen Farbe und Struktur einen neutralen und natürlichen Untergrund abgibt und sich im Außenbereich als Pflaster fortsetzt (3/4).

WICHTIGE BAUDATEN

Bauaufgabe: Neubau für ein Ehepaar
Standort: Lago Maggiore, Tessin/Schweiz
Bauzeitraum: 2008–2009 (15 Monate)
Grundstücksgröße: 1.293 m²
Wohnfläche: 275 m² zuzüglich 80 m² Nutzfläche und 95 m² Terrassen/Balkone
Bruttorauminhalt (BRI): 1.425 m³
Bauweise: massiv (Ziegelmauerwerk/Dämmziegel Poroton, verputzt, Geschossdecken Stahlbeton)
Energiekonzept: Luft-Wasser-Wärmepumpe als Zentralheizung
Gesamtkosten: keine Angaben

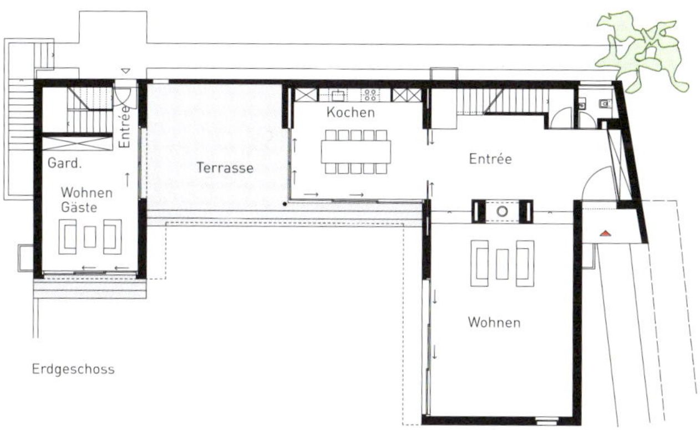

Erdgeschoss

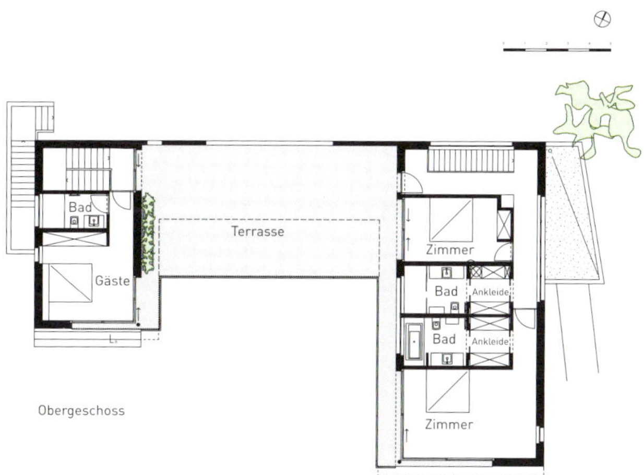

Obergeschoss

ARCHITEKT CHRISTOPH ZÜRCHER,
Locarno/Schweiz
Projektmitarbeiterin: Katharina Klinger

1

2

3

NACH INNEN GEWANDT

Der Architekt Christoph Zürcher verwirklichte im Tessin eine außergewöhnliche Variante des Atriumhauses. Das zweigeschossige Wohngebäude verfügt nur über die notwendigsten, aber überlegt gesetzten Öffnungen, sodass unattraktive Blickbezüge ausgeblendet werden (4). Nach außen tritt das Haus mit seiner hellen violettblauen Fassade in Dialog mit dem Blau des Himmels (5). Die Putzwände sind in ihrer Gestalt ebenso reduziert wie die Formate der Verglasungen, größere Fenster finden sich fast nur zum Atriumhof. Dort sind sowohl die nach Westen als auch die nach Süden gewandten Außenwände über zwei Geschosse verglast, eine auf der dritten Seite im Obergeschoss eingeschnittene Loggia ermöglicht den Blick auf den Innenhof. Nach Westen öffnet sich das U-förmige Atrium zur Landschaft (3). Eine kiesgerahmte Holzterrasse bildet das Zentrum des Freibereichs, dem der Essplatz im Inneren direkt zugeordnet ist (3/4). Dank des weitgehend transparenten Atriums zeigen sich auch die übrigen, auf unterschiedlichen Ebenen angeordneten Innenräume sehr hell. Die Räume sind horizontal und vertikal verschränkt und bieten viele Durchblicke (1). Von der offenen Bibliothek und dem Steg zwischen den Schlafzimmern ist die unten zweigeschossige Wohnküche zu sehen (1). Optische Durchgängigkeit im Inneren wie auch zwischen Innen und Außen ist ein bestimmendes Leitmotiv, das spannungsreich mit der geschlossenen Außenwirkung kontrastiert (1/2).

WICHTIGE BAUDATEN

Bauaufgabe: Neubau für ein Ehepaar
Standort: Tessin/Schweiz
Bauzeitraum: 2005–2006 (12 Monate)
Grundstücksgröße: 827 m²
Wohnfläche: 163 m² zuzüglich 29 m² Nutzfläche und 24 m² Terrassen/Balkone
Bruttorauminhalt (BRI): 930 m³
Bauweise: massiv (Ziegelmauerwerk/Dämmziegel Poroton, verputzt, Geschossdecken Stahlbeton)
Energiekonzept: Luft-Wasser-Wärmepumpe als Zentralheizung
Gesamtkosten: keine Angaben

4

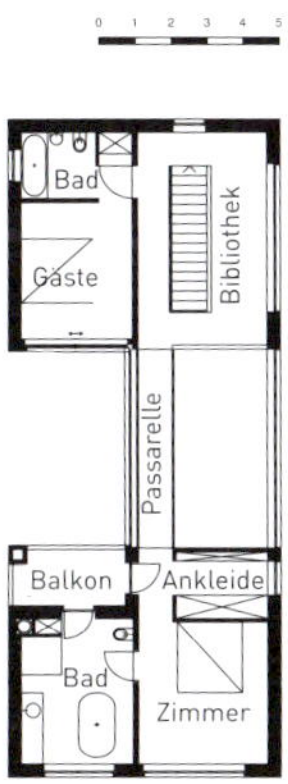

Obergeschoss

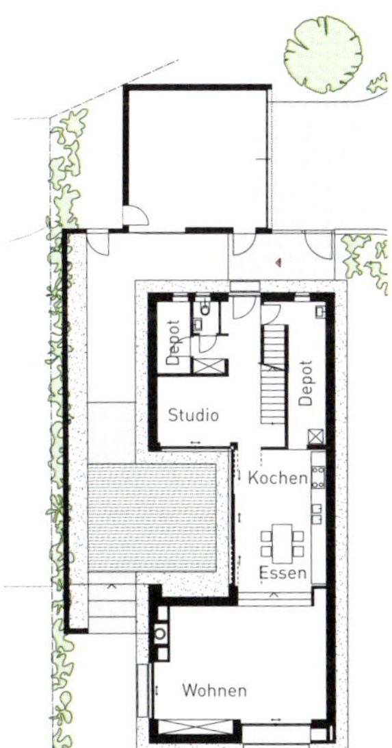

Erdgeschoss

5

Der Autor steht für Leseranfragen gerne zur Verfügung:

Thomas Drexel
Autor und Architekturfotograf
Am Fladerlach 7
86316 Friedberg
Tel./Fax 0821 / 6070874
thomas.drexel@t-online.de

Hinweis zu den Kostenangaben:
Sofern nicht anders angegeben, verstehen sich die in den Projektkapiteln genannten Baukosten als Gesamtbruttokosten inklusive Honorare, Steuern und Nebenkosten, ohne Grundstück und ohne Einrechnung von Eigenleistung.

am-architektur gmbh
Aavorstadt 1
5600 Lenzburg/Schweiz
Telefon +41 / (0)62 / 8920311
www.am-architektur.ch

Barkow Leibinger Architekten
Schillerstraße 94
10625 Berlin
Telefon 030 / 315712-17
www.barkowleibinger.com

Bembé Dellinger Architekten BDA
Im Schloss
86926 Greifenberg
Telefon 08192 / 99730-0
www.bembe-dellinger.de

Alison Brooks Architects Ltd.
Unit 610 Highgate Studios
53-79 Highgate Road
London NW5 1TL/Großbritannien
Telefon +44 / (0)20 / 726797 77
www.alisonbrooksarchitects.com

CCS ARCHITECTURE/
CASS CALDER SMITH
44 McLea Court
San Francisco, CA 94103/USA
Telefon +1 / 415 / 864-2800
und
180 Varick Street, #902
New York, NY 10014/USA
www.ccs-architecture.com

Cheng Design
2808 San Pablo Avenue
Berkeley, CA 94702/USA
Telefon +1 / 510 / 849-3272
www.chengdesign.com

Deppisch Architekten
Obere Hauptstraße 26
85354 Freising
Telefon 08161 / 14 19 97
www.deppischarchitekten.de

Peter + Johanna Diethelm-Grauer
Architekten
Teufenerstrasse 25
9000 St. Gallen / Schweiz
Telefon +41 / (0)71 / 223 49 76
www.swiss-architects.com/
diethelm-grauer

Karl Dreer GmbH
Gewerbestraße 10
82399 Raisting
Telefon 08807 / 91730
www.dreer-gmbh.de

Peter Fakler Architekt
Steufzger Straße 33
87435 Kempten
Telefon 0831 / 96079915
www.architekturplusraum.de

Fifield Architecture + Urban Design
Michael Fifield
2660 Cresta de Ruta Street
Eugene, Oregon 97403/USA
Telefon +1 / 541 / 521-6890
fifieldarchitectureud@comcast.net

flatz_architects/Martin Flatz
und Martin Murero
Schottenfeldgasse 72/2/10
1070 Wien/Österreich
Telefon +43 / (0)1 / 990 57 95
www.flatzarchitects.com

fmd architects
Fiona Dunin
Level 9, 180 Russell St
Melbourne, Vic 3000/Australien
Telefon +61 / (0)3 / 9663 4677
www.fmdarchitects.com.au

Fuchs, Wacker. architekten bda
Am Westkai 9 a
70327 Stuttgart
Telefon 0711 / 389 15 53-0
www.fuchswacker.de

GREGOR FUCHSHUBER & PARTNER
Freie Architekten BDA
Ranstädter Steinweg 28
04109 Leipzig
Telefon 0341 / 98 24 40
www.fuchshuberpartner.de

fußner | kühne architekten
Bahnhofstraße 35
86316 Friedberg
Telefon 0821 / 45 59 93-0
www.fussner-kuehne-architekten.de

Werner Girsberger Architekt
Hochschule Augsburg
Fakultät für Architektur und
Bauingenieurswesen
werner.girsberger@hs-augsburg.de

Wim Goes Architectuur
Groot-Brittanniëlaan 66
9000 Gent / Belgien
Telefon/Fax: +32 / (0)9 / 233 65 20
www.wimgoesarchitectuur.be

Gracia Studio/Jorge Gracia
4492 Camino de la Plaza, Suite 281
San Ysidro, CA 92173/USA
Telefon +1 / 619 / 795 7864
www.graciastudio.com

Urs Gramelsbacher Architekt
Leonhardsgraben 61
4051 Basel/Schweiz
Telefon +41 / (0)61 / 2832188
www.gramelsbacher.ch

Jürg Haas Architekt
Feldeggstrasse 89
8008 Zürich/Schweiz
Telefon +41 / (0)44 / 383333
mail@atelier-haas.ch

Heberle.Mayer Architekten
Buero für Architektur und Städtebau
Karl-Marx-Allee 81
10243 Berlin
Telefon 030 / 20634770
www.heberle-mayer.de

hicker architekten
Kolpingstraße 12
86316 Friedberg
Telefon 0821 / 60 12 24
www.hicker-architekten.de

hiendl_schineis
architektenpartnerschaft
Fabrikstraße 11
86199 Augsburg
Telefon 0821 / 159 81 55
und
Am Schanzl 10
94032 Passau
Telefon 0851 / 93 20 30
www.hiendlschineis.com

Rainer Hoffmann Architekt
Müllerstraße 40
80469 München
Telefon 089 / 26010293
www.hoffmann-architekt.eu

David Jameson Architect
113 South Patrick Street
Alexandria, Virginia 22314/USA
Telefon +1 / 703 / 739-3840
www.davidjamesonarchitect.com

JORDAN [architektur & energie]
Am Hartfeld 8
4300 St. Valentin/Österreich
Telefon +43 / (0)7435 / 58706
www.jordan-solar.at

K2architekten
Ritterstieg 3
37120 Bovenden
Telefon 05594 / 804864
www.k2architekten.de

karawitz architecture
28, rue Etienne Dolet
75020 Paris/Frankreich
Telefon +33 / (0)1 / 43 58 62 08
www.karawitz.com

Andreas KARL & Luis ZILLER
Unterer Markt 29
8410 Wildon/Österreich
Telefon +43 / (0) / 3182 49412
www.zk-architektur.com

Tobias Klodwig & Partner Architekten
Manfredstraße 6
48145 Münster
Telefon 0251 / 3795021
architekten@klodwig-company.de

k_m architektur
Glockengieße 2
6900 Bregenz/Österreich
Telefon +43 / (0)5574 / 82838
www.k-m-architektur.com

Marcio Kogan Architect/StudioMK27
Alameda Tiete, 505 – Cerqueira César
São Paulo, SP/Brasilien
Telefon +55 / (0)11 / 30 81-35 22
www.marciokogan.com.br

Kubusrot Architekten
Jakob Oberwalder
Millergasse 13
1060 Wien/Österreich
Telefon +43 / (0)1 / 5 95 62 27
www.kubusrot.at

Mell Lawrence Architects
913 West Gibson Street
Austin, TX 78704/USA
Telefon +1 / 512 / 441 4669
ww.architecturalpolka.com

löhle neubauer architekten BDA
Dominikanergasse 7
86150 Augsburg
Telefon 0821 / 349 09 49
www.loehle-neubauer.de

Architekturbüro [lu:p]
Renee Lorenz
Ringstraße 21
96271 Grub am Forst
Telefon 09560 / 81 22
www.lu-p.de

Thomas Meese Architekt
Jakobiweg 7
86551 Aichach
Telefon 08251 / 8857-0
www.architekt-meese.de

Bauatelier Metzler GmbH
Lussistrasse 7 a
8536 Hüttwilen/Schweiz
Telefon +41 / (0)52 / 7400881
www.bauatelier-metzler.ch

Miurashin Architect+Associates
3-10-13-2F Higashi-Nihonbashi Chuo-ku
Tokyo, Japan 103-0004
Telefon +81 / (0)3 / 5695-7755
www.miurashin.com

mrb architekten Mühl Rinkes Baur
Thalkirchner Str. 210
81371 München
Telefon 089 / 24 24 46 07
www.mrb-architekten.de

Roland Niedermeier Architekt
Am Kaisergraben 33
87600 Kaufbeuren
Telefon 08341 / 9084325
office@niedermeier-architekten.de

Klaus Noichl Angelika Blüml,
Architekten BDA
Am Dummelsmoos 41
87561 Oberstdorf
Telefon 08322 / 96 66 20
www.noichl-blueml.de

passivhaus-eco ®
Gleiwitzer Straße 22
91074 Herzogenaurach
Telefon 09132 / 735695
www.passivhaus-eco.de

Andreas Petermann Architekt
Am Breitle 2 a
86156 Augsburg
Telefon 0821 / 240 18 37
www.andreaspetermann.de

plankoepfe architekten/Andreas Volkmar
Schnieglinger Straße 225 a
90427 Nürnberg
Telefon 0911 / 3 65 18 33
www.plankoepfe.de

Pool Leber Architekten
Adalbertstraße 22
80799 München
Telefon 089 / 72 99 82 16
www.pool-architekten.de

Thomas Pscherer Architekt
Jella-Lepman-Straße 41
81673 München
Telefon 089 / 43670979
thomaspscherer@arcor.de

Richard + Schoeller architecture design
Paris/Frankreich
projets@richardschoeller.eu
www.richardschoeller.eu

riek architektur
Detlef Riek
Holzstraße 102
45479 Mülheim an der Ruhr
Telefon 0208 / 443 43 13
www.riek-architektur.de

Riepl Kaufmann Bammer Architektur
Taborstraße 71
1020 Wien/Österreich
Telefon +43 / (0)1 / 214 0000
www.rieplkaufmannbammer.at

RONGEN ARCHITEKTEN GMBH
Propsteigasse 2
41849 Wassenberg
und
Glockengasse 31
99084 Erfurt
Telefon 02432 / 3094
www.rongen-architekten.de

Matthias R Schmalohr
Architekt BDA DWB
Röcker Straße 5
31675 Bückeburg
Telefon 05722 / 91 49 52
www.schmalohr.net

schmieder&dau architekten gmbh
Klosterkirchhof 10–12
24103 Kiel
Telefon 0431 / 800 96-0
www.schmiederunddau.de

Johannes Schulz
Ingenieur- und Planungsbüro
Am Marmorwerk 100
86695 Nordendorf
Telefon 08273 / 99 83 44 4
www.svschulz.de

seeger-ullmann architekten
Brecherspitzstraße 8
81541 München
Telefon 089 / 62 00 05 62
www.seeger-ullmann.de

SEP STÖCKL EGGER & PARTNER
Ehrenbachgasse 37 a
6370 Kitzbühel
und
Berthold-Pürstinger-Straße 5a
5760 Saalfelden
Telefon +43 / (0)650 / 226 16 45
www.s-e-p.at

seyfarth | architekten bda
Striehlstraße 3
30159 Hannover
Telefon 0511 / 47397878
www.seyfarth-architekten.de

MIX
Papier aus verantwortungsvollen Quellen
FSC® C084279

Das für dieses Buch verwendete FSC®-zertifizierte Papier *Perigord* von Condat liefert Papier Union.

1. Auflage

Umschlaggestaltung:
Büro Klaus Meyer, München / Jan Riemer
Grafische Gestaltung und Herstellung:
Susanne Ebersberger / DVA
Lithografie: Helio Repro, München
Gesamtherstellung: Print Consult GmbH, München
Printed in Czech Republic

ISBN 978-3-421-03677-3

www.dva.de

ZUM AUTOR

Thomas Drexel ist einer der meistgelesenen Architekturbuchautoren des deutschsprachigen Raums. Wenn er nicht gerade auf Recherchereisen ist, lebt und arbeitet er in Augsburg und Friedberg. Nach mehreren Jahren Tätigkeit in einem Architekturbüro schreibt er heute über die Themen Bauen, Wohnen und Renovieren und fotografiert Architektur von ihrer schönsten Seite. Bei DVA sind von ihm zahlreiche Titel erschienen.

DANK

Der herzliche Dank des Autors gilt allen Eigentümern und Architekten der im Buch vorgestellten Häuser, deren Mitarbeitsbereitschaft und teils auch ganz praktische Gastfreundschaft das Gelingen des Buchs erst möglich gemacht haben. Für das umsichtige Projektmanagement und Lektorat war Sabine Schmid verantwortlich, Susanne Ebersberger erstellte das wiederum sehr gelungene und dieses Mal besonders aufwendige Layout. Programmleiter Roland Thomas brachte das Projekt zusammen mit dem Autor auf den Weg.